Introdução às
grandes teorias do teatro

Jean-Jacques Roubine

Introdução às grandes teorias do teatro

Tradução:
André Telles

ZAHAR

Título original:
Introduction aux grandes théories du théâtre
publicado por Editions Dunod, Paris

Tradução autorizada da edição francesa
publicada em 2000 por Nathan/HER,
de Paris, França

Jorge Zahar Editor Ltda.
rua Marquês de S. Vicente 99 – 1º | 22451-041 Rio de Janeiro, RJ
tel (21) 2529-4750 | fax (21) 2529-4787
editora@zahar.com.br | www.zahar.com.br

Capa: Sérgio Campante
Ilustrações da capa: em primeiro plano, gravura anônima, 1817; em segundo plano, gravura de Jacques Callot, séc. XVII (Bibliothèque Nationale, Paris)

CIP-Brasil. Catalogação-na-fonte
Sindicato Nacional dos Editores de Livros, RJ.

Roubine, Jean-Jacques, 1939-1990
R764i Introdução às grandes teorias do teatro / Jean-Jacques Roubine; tradução, André Telles. — Rio de Janeiro: Zahar, 2003.

Tradução de: Introduction aux grandes théories du théâtre
Inclui bibliografia
ISBN 978-85-7110-708-3

1. Teatro francês – História e crítica – Teoria etc. 2. Teatro – Estética. I. Título.

CDD: 842.009
03-0436 CDU: 821.133.1-2(09)

Sumário

II. DA TRAGÉDIA AO DRAMA

III. O PRINCÍPIO DE REALIDADE

IV. AS SEIS TENTAÇÕES DO TEATRO

Introdução

Toda prática artística se desenvolve a partir de motivações teóricas implícitas ou explícitas. Ao mesmo tempo toda teoria se alimenta da prática por ela fundada. Elas contribuem mutuamente para sua evolução e sua transformação. Mas, no teatro, existe teoria e teoria!

Em primeiro lugar, é preciso considerar uma heterogeneidade fundadora: o teatro é ao mesmo tempo uma prática do *ato da escrita* e uma prática de *representação* (interpretação, direção). As teorias relativas ao teatro tendem ou visam a cobrir essa heterogeneidade, elaborando corpos de doutrina que tomam por objeto ora o texto dramático, ora a representação, às vezes ambas simultaneamente.

Essa simultaneidade, no entanto, está longe de ser sistemática. Por razões ideológicas que abordaremos, as teorias do teatro na França, do século XVII até os anos 1880, são essencialmente *poéticas*. Seu objeto principal é o texto da peça. Os textos relativos à representação restringem-se à tecnologia do teatro. Limitam-se a explicar como, por exemplo, realizar acontecimentos espetaculares,[1] como declamar corretamente o alexandrino trágico (tratados de dicção) etc. A mais notável exceção a essa regra é evidentemente o *Paradoxo sobre o ator*, de Diderot, que constitui provavelmente a primeira abordagem teórica moderna da arte do ator (mas esse texto não será publicado antes de 1830).

Nos anos 1880 produz-se uma transformação bem conhecida dos historiadores do teatro: *o advento do diretor*.[2] A partir de então, vê-se multiplicarem as reflexões teóricas sobre sua arte, seus direitos e seus deveres, ao passo que, ao mesmo tempo, observa-se uma rarefação dos discursos teóricos de vocação totalizante. A história do teatro recente incitou os "doutos" da época moderna a serem mais modestos que os Chapelain, d'Aubignac etc. que dominavam o teatro clássico.

Quanto aos dramaturgos, preocupam-se apenas em teorizar para seu uso pessoal (Claudel). Aí também, surge uma notável exceção à regra: a teoria de Brecht. Sua personalidade, sua competência múltipla de crítico, esteta, dramaturgo e diretor lhe permitem cobrir com pertinência o conjunto dos campos em que a coisa teatral é elaborada.

Uma outra distinção deve ser feita. Há dois tipos de teorias, o *explícito* e o *implícito*: o tipo explícito é formulado através de um conjunto de textos diversos: dissertações, ensaios, prefácios, advertências etc. Tem freqüentemente pretensões totalizantes, enunciando uma teoria que deve valer para toda uma época e toda uma classe social (por exemplo, o gênero dito *sério*, para a burguesia da segunda metade do século XVIII, ou o drama romântico, para a geração "artista" da Restauração), e até mesmo para a eternidade (o aristotelismo revisitado pelos "doutos" do século XVII).

Como seu nome indica, o tipo implícito dispensa a formulação discursiva. Esta existe, mas dificilmente é perceptível e vale apenas para seu autor. Vejam Marivaux: seu teatro pressupõe uma reflexão teórica sobre as principais categorias dramatúrgicas que o constituem: o personagem, a ação, o cômico, o diálogo etc. Mas o autor de *Falsas confidências*, salvo engano, não formulou nenhuma reflexão a esse respeito. Somos portanto obrigados a extrapolar e induzir a partir de suas peças uma hipotética teoria com margem de interpretação e de erro que tal procedimento supõe.

Uma *Introdução às grandes teorias do teatro* não podia então deixar de ser, por evidentes razões materiais, fortemente seletiva. Era preciso escolher o mais significativo. Era preciso também evitar o caráter arbitrário de uma subjetividade, portanto fixar e formular os critérios de seleção.

O primeiro consiste em falar de um teatro que permanece vivo. O campo é ainda bastante vasto, uma vez que se pode caracterizá-lo como uma produção ininterrupta desde o início do século XVII. Não cessamos de retornar à tragédia clássica e ao drama romântico; de representar Molière, Marivaux e Labiche. Em contrapartida, é forçoso reconhecer que o teatro da Idade Média não corresponde a esse critério, constituindo apenas objeto de pesquisas eruditas. Eis por que esta *Introdução* não o leva em conta — e não sem hesitação ou tristeza! Porém, mais uma vez, escolher é eliminar...

Mantivemos as doutrinas que fizeram escola, que mobilizaram, mesmo através da polêmica, uma ou várias gerações de autores e de práticos. Foram excluídas, além disso, é claro, aquelas fugazes teorias implícitas, todas as que diziam respeito exclusivamente a seus autores. O que não deve de maneira alguma ser assimilado a um juízo de valor: Musset ou Claudel não são absolutamente autores de segundo plano. Mas a doutrina deles é essencialmente elaborada para uso pessoal. A partir dos anos 1880, optou-se por privilegiar as teorias da representação. São as mais numerosas, as mais diversas, freqüentemente as mais interessantes. Soma-se a isso o fato de que a maioria das obras que tratam do teatro moderno e contemporâneo fez antes a opção inversa: é mais fácil, hoje em dia, informar-se sobre o teatro segundo Ionesco ou Beckett do que sobre o teatro segundo Mnouchkine ou Bob Wilson.

O campo explorado é prioritariamente o do teatro francês. Mas essa delimitação de tipo ideológico-geográfico perde quase toda a pertinência no século XX: o teatro viaja, circula. Torna-se menos europeu, isso quando não se abre às influências do Extremo Oriente. As grandes teorias do teatro de nosso século são francesas (Copeau, Artaud...), mas também russas (Stanislavski, Meyerhold...), inglesas (Craig...), alemãs (Brecht...), polonesas (Grotowski, Kantor...) etc. O critério da escolha deixa então de ser mecanicamente nacionalista, passando a levar em conta a importância da ressonância que uma ou outra dessas teorias puderam ter tido sobre a vida e a prática teatrais francesas.

Trata-se enfim de uma introdução, e apenas de uma introdução. Em outras palavras, são apresentadas as teorias em questão tentando apreender a lógica de sua elaboração, de sua operacionalização. Porém, não foi o caso de resumi-las em detalhe. Limitamo-nos a dar as indicações indispensáveis para que o leitor pudesse compreender esta introdução, para que pudesse se encontrar em um conjunto de textos esparsos e nem sempre muito acessíveis. Uma introdução é apenas a cartografia de um território mal explorado.

I. Aristóteles Revisitado

1. Panorama sobre a *Poética*

As teorias teatrais do século XVII apresentam uma estranha singularidade: não pretendem inventar um sistema novo, fundar uma estética original (mesmo que, na prática, fosse exatamente aí que se chegasse). Seu projeto comum é analisar e compreender a *Poética* de Aristóteles e ajudar os dramaturgos a colocá-la em prática. Apenas um Corneille se preocupará, em seus famosos *Discursos*,[1] em ganhar um pouco de terreno e alargar as perspectivas aristotélicas. Mas não passaria pela cabeça de ninguém, teóricos ou autores, proclamar sua intenção de romper com a estética de Aristóteles para lançar os fundamentos de uma nova teoria do teatro.

Esse frenesi exegético explica-se em primeiro lugar pelas próprias características da *Poética*. Inúmeras vezes foram apontadas suas incoerências, suas contradições, suas lacunas, suas digressões e suas elipses.[2] Por exemplo, ao contrário do que é anunciado, a questão da comédia jamais é examinada (o que, imediatamente, deixa uma margem de manobra maior para os autores que abordam esse gênero).

Portanto, qualquer que seja a explicação desse estado de fato,[3] a obra de Aristóteles permite aos exegetas encontrar material para justificar as doutrinas mais diversas.

Quais são, pois, os pontos importantes que o século XVII não podia ignorar em sua(s) leitura(s) da *Poética*?

Uma dramaturgia do verossímil

Em primeiro lugar Aristóteles insiste na noção de ação: [a tragédia] "representa não homens, mas ações". Seus "agentes são personagens em ação".

Por outro lado, a representação não deve visar o realismo. Ela se baseia não sobre o *real* (o que efetivamente aconteceu), mas sobre o *possível* (o que poderia ter acontecido). Todavia, essa noção de *possível* é delimitada, e portanto limitada, pelo *verossímil* e pelo *necessário*. Aristóteles não explicita de modo claro essas duas categorias que o século XVII tanto irá explorar! Pode-se porém alcançar seu pensamento referindo-se a outros textos seus. O *verossímil* procede da experiência comum. É o que se produz com mais freqüência (*Retórica*) e portanto o que corresponde ao horizonte de expectativa do espectador. Há, no *verossímil*, um componente psicológico que define um espaço não tanto do *possível* mas do *plausível*, isto é, em suma, daquilo que um grupo social, em uma época dada, acredita possível. Eis exatamente por que a noção de *opinião comum* terá tanta importância para o pensamento teatral do século XVII. Da mesma maneira, é em relação à doutrina de Aristóteles que é preciso compreender sua repugnância por aquela "verdade que pode algumas vezes não ser verossímil" (Boileau). A dimensão psicológica do *verossímil* introduz um outro parâmetro: o da *persuasão*. O *possível*, diz Aristóteles, é "persuasivo", uma vez que repousa em um determinado sistema de crenças. Eis por que deverá ser excluído do campo da representação trágica o *irracional*. Para Aristóteles, essa dimensão deve permanecer no domínio do texto, isto é, no caso do teatro, do *relato*. Com efeito, ao caráter de certo modo irrecusável da representação opõe-se o efeito de incerteza do relato. Pois o narrador não se limita a testemunhar. Ele relata também outros testemunhos... Com isso a persuasão torna-se relativa, cada um sendo livre para atribuir ao que é relatado o crédito que lhe convém. Racine, por exemplo, respeita escrupulosamente essa regra todas as vezes que precisa utilizar um episódio que derive do *maravilhoso*:

> O soldado espantado *diz* que em uma nuvem
> Diana desceu sobre a fogueira... (*Ifigênia*)
> *Dizem* que foi até visto nessa desordem terrível
> Um Deus... (*Fedra*)[4]

Como, além disso, Aristóteles parece recomendar que não se recorra ao relato na representação, podemos supor que, nesse sistema, o *irracional* estava destinado a ocupar apenas um lugar bem marginal.

Por outro lado, a *Poética* inaugura uma tradição de desvalorização do espetáculo da qual, é preciso reconhecer, o teatro francês se lamentará por se desfazer:

> Quanto ao espetáculo, que exerce a maior sedução, ele é totalmente estranho à arte e nada tem a ver com a poética, pois a tragédia realiza sua própria finalidade sem concurso[5] e sem atores. Além disso, para a execução técnica do espetáculo, a arte do fabricante de acessórios é mais decisiva do que a dos poetas. (*Poética*, 50 b 15)

Os comentadores do século XVII, tendo a seu lado nesse ponto os autores e o público "intelectual", vão se apoiar nesse gênero de citações para erigir em dogma uma ideologia que afirmava a superioridade, até mesmo a supremacia, do "poema" (do texto dramático) sobre todos os outros componentes da tragédia.

A partir daí, as pesquisas que na mesma época se desenvolvem no domínio das técnicas do espetacular não encontrarão terreno propício senão nos gêneros que, por sua própria novidade, escapavam ao controle do aristotelismo: balé, ópera, comédia italiana (*commedia dell'arte*)... E esses gêneros não se eximirão de explorar todos os recursos cênicos oferecidos pelo *irracional* (o *maravilhoso*) tais como as aparições de divindades celestes ou infernais, de monstros marinhos etc.

O incontestável e o persuasivo

Aristóteles também exclui do campo da tragédia uma outra modalidade do *irracional* que é o *monstruoso* (a se distinguir do *apavorante*). E isso por duas razões: a primeira é que o monstruoso engendra uma reação de incredulidade. Com isso entra em contradição com a exigência de *persuasão*. Depois, provoca uma reação de horror, visceral, fóbica.

Semelhante exclusão vai ser de importância capital na elaboração da estética trágica francesa. Em particular, vai lhe impor uma ideologia da moderação e da justa medida que a tornará completamente estranha aos paroxismos e aos exageros dos dramaturgos ditos "pré-clássicos" ou "barrocos" (Hardy, Montchrestien...), que trabalhavam em uma época em que a *Poética* ainda não constituía o incontornável breviário sobre o qual se baseará o classicismo. Vai, por outro lado, provocar um duradouro fechamento de todo o campo cultural francês (autores, críticos, leitores, público...) a estéticas diferentes. Sabemos que ainda serão necessários dois séculos aos franceses para compreender e apreciar o teatro de Shakespeare!

Essa exclusão do *monstruoso* deve ser relacionada com o problema da *verdade histórica*, ou, em termos aristotélicos, do *incontestável*. Um autor que trabalha sobre um assunto histórico pode de fato esbarrar nesse dilema: se o acontecimento, atestado pela História, que se quer levar ao palco é da ordem do *monstruoso*, será preciso fazer prevalecer este em nome da verdade? Ou então transformar, atenuar essa verdade de maneira a eliminar o *monstruoso*? Aristóteles se inclina nitidamente em favor dessa última solução:

> O papel do poeta é dizer não o que aconteceu realmente, mas o que poderia ter acontecido na ordem do verossímil ou do necessário. (*Poética*, 51 a 36).

Daí as inúmeras infrações à verdade histórica que se permitirão os autores trágicos do século XVII, justificadas, em seus prefácios, por uma argumentação tipicamente aristotélica: basta que um acontecimento fictício tenha uma capacidade de *persuasão* para que seja admissível na estrutura de uma ação trágica. Racine:

> Eu [Júnia] a fiz entrar nas Vestais, embora, segundo Aulo Gélio, não se receba ninguém ali com menos de seis anos, nem acima de dez. Mas o povo toma aqui [no desfecho da ação de *Britânico*] Júnia sob sua proteção. E acreditei que, em consideração por seu nascimento, sua virtude e sua desgraça, ele podia dispensá-la da idade prescrita pelas leis, como dispensou da idade para o consulado tantos grandes homens que haviam merecido esse privilégio. (*Britânico*, [segundo] prefácio)

Isso posto, o *incontestável* não é absolutamente excluído, por Aristóteles, do campo da tragédia. É de fato evidente que, na generalidade dos casos, o *incontestável* é dotado de um poder de *persuasão* pelo menos tão forte quanto o *possível* ou o *necessário*. Se a tradição histórica conhecida de todos conta que César foi assassinado por Brutus, que no entanto considerava como seu próprio filho, acreditarei facilmente na representação teatral de tal acontecimento...

A idealização e a identificação

Uma obra de arte representa seu modelo ao idealizá-lo, ao imitá-lo identicamente ou ao degradá-lo. Para Aristóteles, o modo próprio da tragédia deve ser o da *idealização*. O herói deve ser mostrado fora da cotidianidade do espectador. O que, ao mesmo tempo, redefine as relações que a tragédia mantém com a verdade histórica ou psicológica.

Mas não incorramos em contra-senso em relação a essa noção de *idealização*: a tragédia não deve ser um espetáculo edificante. Não deve mostrar, de maneira enganosa, um mundo purificado do Mal e submetido à pura virtude. Ela pode, e deve, mostrar ações próprias a provocar *medo* ou *piedade*, isto é, um mundo presa do eterno conflito do Bem e do Mal, um mundo no qual este nem sempre tem a última palavra. O "malvado" não é de modo algum excluído da cena trágica. Mas sua representação também pode ser idealizada. Aristóteles:

> Uma vez que a tragédia é uma representação de homens melhores que nós, é preciso imitar os bons retratistas: tornando a forma adequada, pintando retratos fiéis, mas mais belos; do mesmo modo o poeta que representa homens coléricos, apáticos ou com outros traços de caráter desse gênero deve lhes conferir, nesse gênero, uma qualidade superior. (*Poética*, 48 a 1)

Eis a origem da estética da "bela natureza" que prevalecerá nos séculos XVII e XVIII antes de entrar no centro de uma discussão (imitar embelezando ou imitar exatamente) da qual sairá a doutrina *realista* que, sob diversos avatares, orientará a maioria das estéticas teatrais do século XIX.

É que para Aristóteles a obra de arte tem como função provocar um prazer de natureza estética através da representação do real. Ora, tal prazer, como ele observa, decorre da própria representação, não do objeto representado:

> Sentimos prazer em olhar as imagens intensas das coisas cuja vista nos é dolorosa na realidade, por exemplo as formas de animais totalmente ignóbeis ou de cadáveres. (*Poética*, 48 b 9)

Mas o prazer produzido pela representação é especificado por sua dupla origem emocional:

> O que o poeta deve produzir é o prazer que, pela representação, provém da piedade e do terror. (*Poética*, 53 b 12)

E a finalidade de tal prazer não é o prazer em si, mas o aprimoramento e o apaziguamento do coração. A tragédia, "ao representar a piedade e o terror, realiza a depuração desse gênero de emoções" (*Poética*, 49 b 24).

Eis aí anunciado o famoso princípio da *catarse* sobre o qual se debruçarão gerações de comentadores. Ora, esse termo que nunca encontrou tradução irrefutável (purgação? purificação?), Aristóteles o utiliza apenas uma única vez e não julga necessário propor uma definição explícita, como se se tratasse de um conceito trivial de utilização absolutamente corrente. No entanto, na *Retórica*, ele elabora uma definição dessas duas emoções motrizes da *catarse*.

Essas duas emoções dolorosas, explica, se distinguem pela orientação do afeto. No caso da *piedade*, trata-se de uma emoção altruísta: eu me apiedo ao espetáculo do sofrimento que um outro homem experimenta sem tê-lo merecido. Já o *terror* é uma emoção egocêntrica: fico aterrorizado ante à idéia de que eu mesmo poderia experimentar a calamidade da representação à qual assisto:

> A piedade se dirige ao homem que não mereceu sua desgraça, o terror à desgraça de um semelhante. (*Poética*, 53 a 1)

O paradoxo da catarse é que o prazer da representação procede de duas emoções que são experimentadas como desagradáveis. Para compreender isso basta transpor para o teatro a análise aristotélica da representação plástica: sinto prazer diante do espetáculo de acontecimentos que, na realidade, teriam me enchido de terror ou de compaixão, porque, precisamente, esses acontecimentos são mediados por procedimentos da representação. De modo que a *piedade* e o *medo* que posso sentir no teatro são como purificados da amargura que os impregna na realidade. Pois, ao mesmo tempo que me entristeço ou me assusto em contato com o acontecimento representado, gozo da beleza dessa representação.

O corolário dessa teoria é que ela baseia o prazer, e portanto a prática do teatro, na *identificação*. De fato, Aristóteles observa que as duas emoções em questão não podem ser experimentadas senão por um espectador que adira intimamente aos sofrimentos do personagem trágico.

A partir dessas premissas, Aristóteles se empenha em caracterizar um paradigma da ação trágica, um modelo ao qual os praticantes poderão se referir, sobretudo no que diz respeito ao problema da *identificação*.

> Um homem, que não atinja a excelência na ordem da virtude e da justiça, deve, não pelo vício e pela maldade, mas por algum erro, cair no infortúnio. (*Poética*, 53 a 7)

Vê-se bem por quê: como regra geral, o espectador mediano não se percebe ele próprio como eminentemente virtuoso ou particularmente malvado. Ele se identificará portanto mais facilmente com um herói que também se mantenha entre esses dois extremos. Por outro lado, só sentirá piedade ou medo se o infortúnio trágico não lhe aparecer como a justa retribuição de atos repreensíveis ou injustificáveis. Essa doutrina da *identificação* é fundamental na medida em que nela o teatro francês se engajará por três bons séculos.

O campo da representação é portanto delimitado de maneira paradoxal. De um lado, pressupõe a *idealização* no desenho dos personagens. De outro, as exigências da *catarse* fazem com que o espectador não deva se sentir afastado da humanidade que o palco lhe mostra. Portanto, a idealização não deve resultar em uma representação na qual os heróis excedam, por suas virtudes ou vícios, uma norma média, uma justa medida. Este será um dos fundamentos do classicismo francês.

É preciso sublinhar que essa postura é, em princípio, pragmática: trata-se antes de tudo de desbravar o caminho mais direto para uma efusão emocional do espectador, ou seja, sua identificação com o herói. Eis a razão de a norma do *verossímil* se tornar um dogma cardeal: se não posso acreditar na possibilidade da ação representada, como poderia acreditar na realidade das desgraças que daí decorrem? E se não acredito nessas desgraças, como poderia sentir medo ou piedade diante de sua representação?

2. A transmissão da doutrina

O modelo aristotélico não terá nenhuma incidência sobre o teatro latino ou medieval. Os gramáticos e filósofos, que são praticamente os únicos leitores de Aristóteles, não mostraram na época nenhum interesse por seu pensamento estético.

Traduções e comentários

Portanto, é só depois do Renascimento italiano que a *Poética* será verdadeiramente redescoberta no grande movimento de reavaliação e exumação da herança antiga que caracteriza esse período. Ela é traduzida em latim em 1498 e publicada em grego em 1503. Sua leitura terá grande repercussão entre o público culto. Numerosos críticos e filósofos retomam por conta própria, e portanto contribuem para difundir, as bases do aristotelismo. Porém esses "poéticos" não se interessam pela prática do teatro nem mesmo pela elaboração de uma forma trágica. Visam apenas ajudar o poeta a pensar sua própria criação ou, muito simplesmente, a lhe prodigalizar conselhos e receitas.

Com a nova tradução latina de Paccius, em 1536, muito mais rigorosa do que a de Valla publicada em 1498, vem à tona um súbito interesse pelo modelo teatral proposto pela *Poética*. Suas obscuridades são interrogadas; suas contradições, exploradas; e logo surgem edições comentadas. As duas mais importantes são as de Robortello (1548) e de Maggi (1550). Mas é sobretudo Scaliger que, em 1561, conseguirá dar mais clareza e coerência ao texto de Aristóteles. Com Scaliger começa a se operar uma transformação ideológica decisiva: o aristotelismo se torna, mais ainda que uma teoria, uma ortodoxia em relação à qual cada poeta poderá se situar.

Em 1570, Castelvetro apresenta um novo comentário da *Poética*. Não visa apenas tornar compreensível o texto. Faz dele a base de uma estética moderna e não hesita em extrapolar novos dogmas, até mesmo em substituir Aristóteles onde este não formula nenhuma opinião. Assim, é Castelvetro quem coloca a necessidade da *unidade de tempo*, cuja definição decorrerá da duração da representação. A verossimilhança, diz ele, exige que a duração da ação (que, em princípio, não tem outros limites senão a imaginação do dramaturgo — cf. Shakespeare) se aproxime o máximo possível da duração da representação (cerca de três horas, entreatos incluídos). A dificuldade está evidentemente em uma ação capaz de se desenrolar em tão estreito lapso de tempo. É também Castelvetro quem evoca a necessidade da *unidade de lugar*, um ponto que Aristóteles não aborda.

A França letrada logo se apaixona pelos debates provocados pelo modelo dramatúrgico descrito na *Poética*. Todo autor que pretenda qualidade ou que vise conquistar um poder econômico-intelectual deve reivindicar um conhecimento aprofundado da *Poética* e de seus comentadores. O corolário dessa situação será que a ignorância dos preceitos de Aristóteles se tornará o argumento fundador de toda condenação crítica.

De fato, a *Poética* só será traduzida em francês em uma data tardia (1671), e o leitor do século XVII vê diferença entre o texto aristotélico e as contribuições dos comentadores. Assim, a teoria de Aristóteles, tal como a entendem os "doutos", repousa em leituras indefinidamente mediadas pelas obras italianas ou holandesas que lhe eram consagradas e não é raro vermos atribuírem a Aristóteles fórmulas que, na verdade, devem-se a um ou outro de seus exegetas.

La Mesnardière, um dos primeiros teóricos franceses do teatro, não hesita em canonizar Aristóteles, "esse miraculoso gênio, que me parece estar no Céu e palestrar divinamente com essas Inteligências que nos apresentou tão bem"!

O mesmo culto se encontra em pensadores representativos da primeira geração clássica (Chapelain, Scudéry, d'Aubignac...). Tal estado de espírito tem como conseqüência proibir qualquer discussão livre, *a fortiori* qualquer questionamento. Não se imagina conseguir resolver um problema de dramaturgia sem referência ao corpo de doutrina que se constituiu sob a bandeira de Aristóteles. Doravante o teatro francês vai ser sujeitado à encruzilhada da norma e do desvio. Os autores serão constantemente submetidos a investigações severas e não cessarão de se justificar diante da menor suspeita de desvio em relação a essa *doxa*. Os *Prefácios e exames* que Corneille redigiu para apresentar suas obras ao público letrado não têm outra função, e seus três *Discursos* de 1660 visarão apenas atenuar o peso do aristotelismo dominante de maneira a tornar lícita uma invenção dramática, sob muitos aspectos, original.

O magistério de Chapelain

Chapelain precisou de uma ocasião espetacular para assentar seu magistério estético. Ela consistirá, em 1637, na famosa "querela" provocada pelo triunfo do *Cid*. Por instigação de Richelieu, Chapelain é nomeado árbitro. Pedem-lhe que decida entre a estética corneliana e sua crítica radical, formulada por Scudéry em nome, é claro, de Aristóteles. Isso significa que Chapelain se viu investido da função (e do poder) de uma espécie de grande Inquisidor do Belo!

Apoiando-se na Academia Francesa, Chapelain pronuncia uma sentença severa em relação a Corneille, a quem decreta culpado de lesa-aristotelismo (cf. *Os sentimentos da Academia Francesa acerca da tragicomédia do* Cid, 1637). Mas essa condenação está longe de granjear unanimidade, a despeito da influência e do prestígio de Chapelain. Em particular, a opinião pública compreende mal a distorção que surge entre a severidade dos "eruditos" e o entusiasmo dos espectadores comuns. E depois, a promoção da Academia a tribunal de arbitragem estética começa a preocupar os profissionais do palco, autores e atores. Não sem razão, viram nisso uma ameaça dirigida contra seus costumes e tradições, que julgavam necessários e respeitáveis. Finalmente, os princípios aristotélicos invocados em apoio da condenação de Corneille ainda estão longe de lhes serem familiares. Eles os percebem como estranhos e pouco compreensíveis. Richelieu, aliás, se lembrará dessas reticências e dessa confusão. Pedirá então a Chapelain para que explicite os cânones do aristotelismo e os adapte às características e aos usos do teatro francês.

Assim, cabe a Chapelain ter edificado a *doxa* francesa em matéria de aristotelismo e ter descrito o modelo dramatúrgico que devia prevalecer durante mais de um século e ainda encontrar defensores no século XIX.

Chapelain é um "douto" de singular erudição. Familiar da poesia antiga como das pesquisas modernas, fala correntemente o italiano e o espanhol. Leu e releu a *Poética*. Meditou seus comentários italianos. A essa competência acrescenta incontestável lucidez intelectual. Em suma, impõe rapidamente sua autoridade. É consultado sobre pontos de doutrina julgados delicados. As peças são submetidas a seu julgamento. Através de suas respostas (cujo rastro encontra-se em sua correspondência) se esforça metodicamente por enfatizar a superioridade do modelo aristotélico. E suas respostas circulam nos salões cultos. São estudadas, comentadas...

O apoio de Richelieu vai prolongar, no plano político, o poder intelectual que Chapelain adquiriu. Essa interferência vai contribuir em muito para fazer da ortodoxia aristotélica a base de uma arte oficial.

No entanto, Chapelain, tanto por cansaço diante das polêmicas incessantes como pela preocupação de se consagrar à sua obra de criador, recusa-se a assumir a tarefa que Richelieu queria lhe confiar. Assim, são dois eruditos, próximos do Cardeal, que darão ao teatro clássico seus fundamentos teóricos mais sistemáticos: La Mesnardière e d'Aubignac.

La Mesnardière toma então a iniciativa de redigir uma *Poética* em três volumes. O primeiro é publicado em 1639. Mas a morte de Richelieu, em 1642, é terrível para La Mesnardière. Privado de apoio, deixará sua *Poética* inacabada.

D'Aubignac, em contrapartida, irá levar a cabo um empreendimento concebido como complementar da obra de La Mesnardière. Este último visava explicitar, em intenção do público francês, os princípios que regem a estética aristotélica. D'Aubignac ia tomar como objeto de reflexão *A prática do teatro*. Este tratado será publicado em 1657.

3. O aristotelismo à francesa

As "regras" do teatro

Em nossos dias, pode ser difícil compreender; no entanto, o aristotelismo francês é indubitavelmente uma tentativa para instaurar, de maneira coerente e sistemática, um *realismo* no teatro. Naturalmente, essa pretensão será questionada com intensidade pelas tentativas posteriores (teoria do drama no século XVIII, romantismo etc.). Aí se verá mais do que uma impostura, na medida em que a codificação e a idealização da forma trágica que essa estética promoveu serão rejeitadas.

Esclareçamos, porém, esse ponto de vista: Aristóteles e seus comentadores não reivindicam absolutamente uma representação do real apoiada em sua aparência sensível e nem um mimetismo fotográfico. Ao contrário, valorizam o *inteligível*, ou seja, uma percepção que transpassa as aparências e que visa dar conta de seu objeto. Eis por que não terão dificuldade alguma em preconizar uma idealização formal deste último, um embelezamento ou enobrecimento da "Natureza". É que ao corrigir os "defeitos", o poeta é infiel apenas a aparências superficiais. Em compensação, favorece, acredita-se, a percepção dos elementos que tornarão inteligível esse objeto.

Esse cuidado com a inteligibilidade, aliás, levará os teóricos franceses a radicalizar também certas tensões do pensamento de Aristóteles, a denunciar, por exemplo, o espetáculo teatral, por eles assimilado a um jogo de aparências, a um modo de representação mais favorável ao sensível do que ao inteligível. Como conseqüência, valorizam a *narrativa* que é, sem dúvida, a forma do discurso teatral mais propício à intelecção.

Acima de tudo o aristotelismo francês impõe duradouramente a idéia de que a obra de arte só pode atingir a perfeição com a condição de se conhecer e pôr em prática o conjunto das leis que permitem tal realização. Nada é mais distante do espírito clássico do que a idéia de uma inspiração original que extrairia de si mesma suas próprias regras. E ele faz dessas leis não meras orientações que cada um poderia seguir a seu bel-prazer e adaptar a necessidades específicas, mas imperativos que não podem ser infringidos.

A formação do juízo crítico decorrerá desse pressuposto. Para apreciar corretamente uma obra, é preciso, e basta, conhecer o conjunto das leis que regem seu gênero, segundo Aristóteles, e examinar o grau de sua adequação a essas leis. Chapelain:

> Quanto mais o poema se aproxima dessas regras, mais poema ele é, mais se aproxima da perfeição. (Prefácio a *Adônis*, de Marino, 1623)

Aí também a originalidade é excluída dos critérios críticos da época. E, nos últimos anos do século, essa ideologia irá se afirmar também da maneira mais categórica:

> Para prevenir as objeções de certos espíritos inimigos das regras e que tomam por guia apenas seu capricho, creio ser necessário estabelecer não apenas que a poesia é uma arte, mas que essa arte está descoberta e que suas regras são tão certamente as que Aristóteles nos dá que é impossível ser bem-sucedido nela por outro caminho. (Dacier, Prefácio à *Poética*, de Aristóteles, 1692)

Esse triunfo de um aristotelismo ao mesmo tempo racionalista e dogmático deve ser substituído no contexto ideológico de uma época que combina mentalidade religiosa, culto da *auctoritas*, horror da heresia[6] e espírito científico:[7] toda criação humana supõe uma racionalidade que basta dominar para atingir seu objetivo.

Se Aristóteles enunciou as leis da perfeição estética, segue-se daí um corolário que, com a geração de Chapelain, conhecerá grande fortuna: uma vez que a Antigüidade parece ter conhecido melhor tais leis que os modernos, a *imitação* torna-se o único canal pelo qual os criadores contemporâneos poderão esperar rivalizar com seus distantes predecessores.

O império da Razão

Os "aristotélicos" se consideram, nesse contexto, paladinos do racionalismo em luta contra o obscurantismo. Chapelain recupera o "senso comum" proclamando que "o bom senso é o pai das regras" e que cada uma delas é "a própria razão transposta para a lei". Que essas "regras" tenham sido tão rapidamente impostas no campo do teatro se torna incompreensível caso seus partidários sejam apresentados de maneira anacrônica, como "reacionários" que rechaçassem qualquer modernismo. É precisamente o contrário. Para a geração dos anos 1640, as "regras" constituem um modo de conhecimento científico da arte teatral e uma tecnologia cuja eficácia as obras-primas antigas comprovaram. O aristotelismo tem no fundo, em seu domínio, a mesma vocação metodológica que o cartesianismo: os axiomas da arte encadeiam-se uns aos outros e são logicamente deduzidos uns dos outros. Assim como a razão cartesiana é a ferramenta da inteligibilidade do mundo, a razão "aristotélica" é a ferramenta da perfeição criadora. Aliás, a autoridade da "razão" será cada vez mais invocada no discurso teórico da geração de 1660, em detrimento daquela dos Antigos. Boileau:

> Amai portanto a razão: oxalá seus escritos
> Extraiam apenas dela seu lustro e seu valor.
> (*Arte poética*, I, 37-38, 1674)

A autoridade dos Antigos só preserva sua influência se formos capazes de identificá-la à Razão. Pascal afirma em alto e bom som:

> Limitemos esse respeito que tínhamos pelos Antigos; assim como a razão o fez nascer, deve também ponderá-lo. (*Tratado sobre o vazio*, Prefácio, 1651)

O aristotelismo francês funda um elitismo intelectual. Define uma aristocracia do espírito exatamente homóloga àquela do nascimento. Uma vez que o êxito do dramaturgo é objetivamente atestado pela conformidade de sua obra às regras, quem poderá avaliar essa conformidade senão aqueles que têm o mais perfeito conhecimento das ditas regras, ou seja, a casta dos "eruditos"? La Mesnardière declara sem rodeios que os únicos juízes autorizados são as "pessoas de espírito, conhecedoras e razoáveis" (*Poética*).

Diferentemente de todos os profissionais da cena para quem a principal regra é agradar ao público, os aristotélicos recusam esse ponto de vista, alegando que esse público, salvo exceção, é desprovido das luzes requeridas, isto é, do conhecimento das regras.

Provavelmente, a reivindicação de tal monopólio por parte dos "doutos" poderia parecer exorbitante. Ao mesmo tempo ela se suaviza ao integrar à corporação dos juízes "legítimos" uma categoria de espectadores cuja definição não é mais social ou corporativista e que tem a vantagem, essencial no século XVII, de recuperar a nobreza protetora das pessoas de letras. Admite-se, com efeito, que um juízo pertinente pode ser articulado por qualquer "homem honesto". Essa noção é tão fluida, sociologicamente, quanto capital na ideologia da época.

Em teoria, o homem honesto pertence a todas as camadas da sociedade. Vive na corte, ou na cidade (Paris). Tem como característica possuir "luzes acerca de tudo", portanto um certo conhecimento das regras e uma avaliação justa. Respeita ao mesmo tempo a autoridade dos Antigos, sobretudo a de Aristóteles, e submete-se ao império da Razão. Essa nova categoria permite aos "doutos" não se alienarem, tampouco a Corte e os profissionais do teatro. D'Aubignac:

> O povo é o primeiro juiz dessas obras [as peças de teatro]; não que eu as assimile à grosseria dos cortesãos de butique e dos lacaios; entendo por povo esse contingente de pessoas honestas que se divertem e a quem não faltam nem luzes naturais nem inclinação para a virtude para serem tocadas pelos belos fulgores da poesia. (*Terceira dissertação acerca do poema dramático*, 1663)

Mas, é claro, essa competência geral permanece aquela do amador esclarecido. Por conseguinte deverá se curvar diante da competência do "profissional". Em outras palavras, os "doutos" que impunham à sociedade culta um duplo poder, ao mesmo tempo legislativo — formulam regras que apresentam como normas imperativas — e judiciário — controlam pelo juízo crítico a aplicação da lei —, esses "doutos" açambarcavam a totalidade do poder intelectual.

4. Imitar e embelezar

Imitar a natureza

A *imitação* está no cerne do aristotelismo francês.

Mas reina tal fluidez conceitual em torno da própria idéia de "natureza" que quase não importa a obra que poderá receber uma etiqueta de ortodoxia fundada nesse princípio de imitação. Um Donneau de Visé não considera a *Clélie* de Mlle. de Scudéry, na qual as convenções rivalizam com as inverossimilhanças, uma representação exata da vida cotidiana? Como Pascal dirá elegantemente, "não se sabe o que é esse modelo natural que é preciso imitar..." Provavelmente tal equívoco era necessário para garantir um mínimo de assentimento à autoridade de Aristóteles como contrapartida a um mínimo de liberdade para os criadores. Em suma, não é preciso ir mais longe do que Furetière, que, em seu *Dicionário* (1690), define essa famosa "natureza" como "a massa do mundo, a reunião de todos os seres".

O século XVII se inclinará bem mais para o próprio conceito de *imitação*. Chapelain, em 1630, reivindica uma absoluta similitude entre a representação e seu modelo em termos que não seriam desaprovados pelo "realista" mais convicto:

> Coloco como fundamento que a imitação em qualquer poema deve ser tão perfeita que nenhuma diferença transpareça entre a coisa imitada e a que imita. (*Carta sobre as vinte e quatro horas*)

O teatro, dirão, com sua tecnologia rudimentar e suas coerções, poderá se acomodar a obrigação tão draconiana? A bem da verdade, é importante destacar aqui que a maioria dos teóricos se refere ao "poema dramático" e não à sua representação cênica. Ora, na ótica de Aristóteles, sua finalidade é, como vimos, a *catarse*, que só pode operar se o espectador acaba por confundir a imagem e seu modelo. A menor ironia crítica é prejudicial à identificação e à participação. Pois ela inibe a efusão provocada pela piedade ou a ansiedade provocada pelo medo. A credibilidade da obra teatral é portanto sua virtude cardeal.

No entanto, a exegese de Chapelain engloba explicitamente os componentes da representação: figurinos, gestual e dicção dos atores... — inúmeros instrumentos que devem ser mobilizados para "tornar o fingimento semelhante à própria verdade". O fim da representação teatral é portanto um verdadeiro processo de alucinação, até mesmo de alienação. O espectador deverá esquecer que está no teatro e "acreditar que está presenciando um acontecimento verdadeiro".

Fica muito claro que posição tão radical não podia se materializar efetivamente em função das coerções da cena da época assim como de outros requisitos teóricos que iam contra um realismo estrito, sobretudo aquele da *pompa*, considerada um "embelezamento" indispensável ao prazer proporcionado pela representação da tragédia.

Idealizar a natureza

Aristóteles, devemos lembrar, colocava a necessidade da credibilidade da ficção, credibilidade que baseava na *verossimilhança*. Chapelain vai bem além, passando da *verossimilhança* à *veracidade*. A primeira deixava ao dramaturgo uma margem de manobra e ao espectador, uma liberdade de apreciação. A segunda as abole. Sobre esse ponto, é notável que Chapelain se dissocie do gosto dominante de seu tempo. Seus contemporâneos vêem nas regras o meio de fornecer uma representação perfeita de um modelo que não o seria obrigatoriamente. A arte, através do domínio das leis do Belo, permite "corrigir" a natureza sem lhe ser infiel. É o caminho de uma *idealização* da qual, doravante, a produção teatral "literária" na França não irá se separar até o final do século XVIII. Esse processo se baseia no conceito da *bela natureza*, conceito que não será questionado antes de Diderot e dos teóricos do drama burguês. Estes recusarão a *bela natureza* em nome da *natureza verdadeira*, voltando assim ao estrito realismo que, por um momento, tentara Chapelain.

Cabe ao artista, acredita-se, fazer uma triagem, privilegiar em sua obra aquilo que de mais nobre, belo ou agradável encontra em seu modelo. Eliminará então tudo o que lhe pareça defeituoso segundo o critério de uma avaliação estética (a feiúra) ou moral (os vícios). A *bela natureza* vai então se caracterizar por quatro parâmetros: o Belo, o Agradável, o Nobre e o Simples.

Essa doutrina explica a hierarquia dos gêneros que o século XVII adotará. No pináculo, aqueles que testemunham mais forte coeficiente de idealização, a epopéia, a tragédia etc... São ao contrário desvalorizados aqueles que repousam em uma representação caricatural, isto é, depreciativa, do mundo. A farsa, por exemplo, cujo universo se constitui dos aspectos do real que o século XVII julga "baixos" e "grosseiros". A incompreensão de Boileau em relação às *Artimanhas de Escarpino* não se explica de outra maneira. Molière, a seu ver, renunciara à idealização que a "grande comédia" operacionaliza para a trivialidade da farsa:

> E no saco em que Escarpino se esconde
> Não reconheço mais o autor do *Misantropo*.

A *bela natureza* induz então ao que ainda não se chamava de princípio de *estilização*. Mas a generalização clássica está atenta também em fixar os limites dessa estilização. Ela não deve com efeito nem entrar em conflito com a verossimilhança, nem com a semelhança. Os críticos estão sempre prontos a denunciar aqueles virtuosistas que se deixam levar por uma superabundância de efeitos incompatíveis com a situação ou o personagem. Pecado venial dos Hardy, Montchrestien etc., que associavam sem complexo situações paroxísticas, personagens frenéticos e superabundância retórica. Em outros termos, se a arte deve permitir uma representação idealizada do real, em momento algum deve constituir obstáculo à participação e à identificação do espectador.

O dogma da *bela natureza* vai então se apoiar em um par de conceitos antitéticos, o *falso* e o *fictício*. O falso, explicará o padre Bouhours, "deteriora e destrói inteiramente a realidade". Em outras palavras, a representação errou seu alvo; a natureza não foi "embelezada". Tornou-se irreconhecível, incompreensível. O fictício, ao contrário, é o desfecho positivo de um trabalho que "de certo modo imitou e aperfeiçou a natureza" (*A maneira de pensar corretamente nas obras do espírito*, 1687).

Acuado entre a postulação da *semelhança* e as exigências da *idealização*, o classicismo não podia fundar outra coisa senão uma estética do *meio-termo*.

Tal estética se enraiza em uma concepção fixista da natureza humana: existe uma essência permanente do homem. Suas determinações sociais, históricas, biográficas etc. são apenas epifenômenos que a arte deve saber superar. O amor e o ciúme, esses dois ingredientes do trágico raciniano, vão se manifestar de maneira praticamente idêntica na boca de um herói da guerra de Tróia (Pirro ou Aquiles), de um imperador romano (Nero ou Tito) e de um príncipe otomano do século XVII (Bajazet). Também manifesta desconfiança em relação às singularidades inerentes à época ou ao país do personagem considerado. Se por um lado "admite uma certa dose de "diferenças" que dêem base à verossimilhança, ao mesmo tempo nega que essa singularização seja um obstáculo à identificação do espectador pois, como se sabe, "certas vezes o verdadeiro pode não ser verossímil". Pode inclusive provocar incompreensão, ironia e reação de rejeição. Como escreveu Subligny:

> Não são as cerimônias dos antigos que é preciso reter na tragédia, mas seu gênio e seus sentimentos ... ao contrário, são essas cerimônias que é preciso acomodar à nossa época para não cair no ridículo. (Prefácio à *Louca querela*, 1668)

5. Os imperativos da verossimilhança

O verdadeiro e o verossímil

Em uma estética assim, a *verdade* é insuficiente e talvez perigosa, uma vez que tem vínculo estreito com a natureza bruta. Ela pode chocar, ser um obstáculo à identificação. Diz-se, por exemplo, que o espectador jamais suportaria que lhe mostrassem as brigas de Atreu e Tieste e seu desfecho canibalesco.[8]

Isso acontece, ainda que tais fatos tenham sido atestados pela tradição mitológica, a qual é assimilada à verdade de uma História anterior à História. É preciso portanto seja renunciar a tratar tal assunto, seja "embelezá-lo" substituindo a vingança de Atreu por um equivalente tolerável para as almas sensíveis, uma ação que o personagem poderia ter perpetrado de modo *verossímil* (por exemplo, mandar seqüestrar os filhos de Tieste e condená-los ao exílio) ...

Isso não significa que o verdadeiro seja excluído do campo da representação. *Verdadeiro* e *verossímil* podem muito bem se conciliar. Aliás, este é o caso mais freqüente. Por outro lado, o aristotelismo cedo vai tropeçar nessa dificuldade: suponha que um acontecimento histórico seja contrário aos requisitos da *idealização* ou aos do *verossímil* e que, apesar disso, seja não somente atestado, como perfeitamente conhecido do público. Que partido deve então tomar o poeta desejoso de mostrar uma ação que deveria, necessariamente, incluir esse acontecimento? Caso o substitua por uma ficção mais conforme às exigências do embelezamento e formalmente verossímil, não deixa de cair no *inverossímil*, pois o espectador, sabendo como as coisas "verdadeiramente" se passaram, não poderá mais dar fé à ficção de substituição. Será que posso convencer a qualquer um que César, em vez de ter sido apunhalado pelos conjurados dos idos de março, terminou seus dias tranqüilamente nos braços de Cleópatra?

Por essa razão, os autores irão preferir evitar os episódios mais conhecidos da Lenda ou da História. Escolherão antes acontecimentos acerca dos quais tudo indica que o público tem apenas uma noção extremamente vaga. Reservam-se assim uma margem de manobra nitidamente mais confortável.

Verossímil ordinário, verossímil extraordinário

Castelvetro distingue as duas modalidades do *verossímil* que vão estar no centro da teoria teatral do século XVI: o *verossímil ordinário* e o *verossímil extraordinário*. Essa observação é evidentemente muito mais fiel ao pensamento de Aristóteles, que não admitia na ação trágica o acontecimento historicamente atestado, portanto *verdadeiro*, senão na medida em que respondesse à exigência da *verossimilhança*. Esta será a posição dominante do aristotelismo francês. Já em 1605, Vauquelin de La Fresnay, em sua *Arte poética*, parafraseia Castelvetro nos seguintes termos:

> O verso do verossímil aprecia uma boataria
> Bem mais do que o verdadeiro segue uma mentira.

A opinião de Chapelain terá um peso decisivo e irá orientar duradouramente a estética clássica. Em 1623 em seu prefácio ao *Adônis*, de Marino, dá sua aprovação à tese de Castelvetro. A seu ver, a obrigação da *verossimilhança* deve prevalecer. O poeta bem inspirado excluirá da estrutura de sua obra qualquer acontecimento, mesmo atestado pela História ou pela Lenda, caso seu potencial de persuasão seja insuficiente. Esse debate estará no cerne da "querela" do *Cid.* Scudéry:

> É verdade que Ximena se casa com Cid, mas não é absolutamente verossímil que uma dama de honra se case com o assassino de seu pai.

Os partidários de Corneille vão se apoiar evidentemente na análise inversa, que legitimava o *inverossímil incontestável.* A estes últimos, Chapelain apontará bem claramente que estão errados:

> O poeta tem o direito de preferir a verossimilhança à verdade, e de trabalhar antes sobre um assunto fictício e razoável do que sobre um verídico que não se conforme à razão. Se for obrigado a tratar um material histórico dessa natureza, deve então reduzi-lo aos termos da boa apresentação, desvinculá-lo da verdade. Deve antes transformá-lo totalmente do que lhe acrescentar qualquer coisa que seja incompatível com as regras de sua arte. (*Os sentimentos da Academia Francesa acerca da tragicomédica do* Cid, 1637)

A posição que Chapelain formula é tomada em nome de uma instituição oficial, a Academia, e sob encomenda do poder. Não é apenas uma opinião ou um julgamento. É um decreto que irá se impor a todos os poetas.

Chapelain, além disso, retoma a distinção entre verossimilhança *ordinária* e *extraordinária.* Mas, diferentemente de Castelvetro, prefere privilegiar a primeira. A verossimilhança extraordinária, estima, deve ser acionada com precaução, e raramente. A bem da verdade, os dois autores divergem sensivelmente sobre a definição desta última categoria. Para Castelvetro, ela engloba qualquer acontecimento possível mas pouco freqüente. Quanto a Chapelain, a reduz ao encontro fortuito, o que é nitidamente mais restritivo. E tal encontro não deixava de ser, para ele, senão uma tolerância. Portanto, no essencial, o campo da fábula trágica ficará limitado ao *verossímil ordinário.*

O *verossímil ordinário* é definido não apenas pela "necessidade", pela própria lógica do encadeamento dos acontecimentos encenados, mas pela "credibilidade", isto é, pelo crédito comum do espectador. O *verdadeiro* deve ser submetido a isso, deixando assim de ser verdadeiro! La Mesnardière:

> O falso que é verossímil deve ser mais estimado que o verdadeiro estranho, prodigioso e inacreditável. (*Poética*)

Tudo isso deve nos precaver contra uma interpretação anacrônica da tragédia clássica. Como escrevia P. Martino, "nem Corneille nem seu público tiveram preocupação com quadros de costumes ou de evocação do passado ... O que subsiste de história em *Horácio*, depois de todas as reduções à verossimilhança, é pouca coisa, e isso não foi absolutamente considerado" (Introdução à *Prática do teatro*).

O poeta e o dramaturgo não têm as mesmas obrigações impostas ao historiador. Não se poderia pedir aos primeiros o que é da alçada do último. E deste último não se esperam os "embelezamentos da arte" impostos aos primeiros. D'Aubignac:

> É um pensamento totalmente ridículo ir ao teatro para aprender História. O palco não apresenta de modo algum as coisas como foram, mas como deviam ser, e o poeta deve ali deve restabelecer [= retificar] no assunto tudo o que não se acomodar às regras de sua arte ... O teatro deve devolver tudo em estado de verossimilhança e aprovação. (*A prática do teatro*, II, 1)

Semelhante doutrina explica claramente a deserção do *maravilhoso* da cena trágica. Explica ao mesmo tempo uma repugnância bastante genérica a utilizar assuntos inspirados na Bíblia. No contexto religioso do século XVII, as Escrituras são tidas como verdade fundadora. A uma verdade dessa ordem era inábil impor as transformações requeridas pelo *verossímil*. Ainda mais que esse gênero de liberdades arriscava ser pessimamente acolhido não apenas pelo público, mas pelas autoridades civis e religiosas. É notável que La Mesnardière, que, justamente, se interroga sobre a questão, conceda às Sagradas Escrituras um status que recusava à História. Se o acontecimento representado é atestado pelo Evangelho, "a verdade histórica deve prevalecer largamente sobre a verossimilhança teatral ... A História Sagrada deve aparecer em sua integralidade ou simplesmente não aparecer" (*Poética*).

Esse consenso havia se chocado com uma ilustre rebelião, aquela de Corneille. O autor do *Cid* reivindica o direito de utilizar acontecimentos atestados pela História, mesmo que inverossímeis. E empenha-se em fundamentar sua posição através de uma exegese de Aristóteles. No *Discurso sobre a tragédia*, observa que este último pede ao poeta que represente "aquilo que poderia ter acontecido na ordem do verossímil ou do necessário". Em outras palavras, certas circunstâncias podem fazer prevalecer o segundo contra o primeiro. É o caso, salienta Corneille, quando devem ser encenados episódios relatados pela História.

Por outro lado, sob essa mesma categoria do *necessário*, Corneille coloca a finalidade do poema trágico, que é, para além de qualquer outra consideração, o prazer do espectador. Portanto o *necessário* residiria na liberdade "de ir contra a verdade e contra a verossimilhança", se disso resultasse algum grande efeito do qual o espectador, finalmente, extrairia prazer. Naturalmente, Corneille está consciente de que assim se afasta da ortodoxia aristotélica, mas justifica sua opção destacando que a norma do *verossímil* é um "privilégio que Aristóteles nos dá e não uma servidão que nos impõe".

A contestação cornelliana visa claramente salvaguardar uma liberdade de invenção constantemente questionada desde a Querela do *Cid*, mas talvez também preservar para o dramaturgo a possibilidade de explorar essa mina que é a História e servir-se teatralmente de acontecimentos inacreditáveis mas incontestáveis. De todo modo, a argumentação de Corneille não derrubará a convicção dos aristotélicos de estrita obediência. Por mais prestigiado que fosse, o autor de *Rodogune* se verá isolado e sob suspeita de heresia.

A problemática do *verossímil* não se aplica apenas aos acontecimentos representados, mas também aos instrumentos da representação, que são submetidos a uma investigação severa. Dois dentre eles, sobretudo, podiam levantar dificuldades: o *monólogo* e o *aparte*.[9] Se seu caráter convencional é percebido como tal, então toda a representação inteira será, por assim dizer, infectada por ele. O espectador não poderá mais dar crédito àquilo. A *catarse* não será mais capaz de operar. D'Aubignac recomenda então ao dramaturgo que vele conscienciosamente para garantir a verossimilhança circunstancial do procedimento utilizado. A seu ver, o caráter fundamentalmente convencional dessas modalidades do discurso teatral deve fazer com que sejam utilizadas com grande circunspecção:

> É muito pouco razoável que um ator fale mais alto para ser ouvido por aqueles que se encontram muito afastados e que o outro ator, que está bem mais perto, não o ouça. (*A prática do teatro*)

E, dificuldade suplementar, esses instrumentos "defeituosos" são fonte de um prazer tal que não se poderia prescindir completamente deles!

Em suma, tudo acontece como se, aos olhos dos aristotélicos, a alucinação do espectador pelo efeito de verossimilhança fosse um estado precário e constantemente ameaçado. O menor grão de areia no mecanismo resultaria no retorno à consciência do "isso é apenas teatro". A estética clássica não imagina termos intermediários nem gradação entre a consciência da ficção (o que vejo é apenas teatro e não posso acreditar nisso) e a alucinação pura (o que vejo no palco é a realidade). No primeiro caso, como vimos, as emoções constitutivas do processo da *catarse* não poderão se manifestar. Estranhamente, os teóricos franceses esquecem nesse ponto a sutil observação de Aristóteles sobre o prazer (portanto a emoção) que se pode tirar da representação até de um objeto qualquer. Eles definem uma polaridade realista (representar um objeto de tal maneira que o espectador não possa mais distinguir a realidade de sua representação), considerada a única proteção eficaz contra tudo o que ameaça a ilusão. Mas essa polaridade nunca acontece. Ao mesmo tempo porque as condições da representação não permitem e porque o aristotelismo repousa em exigências pouco compatíveis com um estrito realismo: o embelezamento da natureza, a magnificência do espetáculo, o "decoro" etc. Assim, não é antes do século seguinte que serão questionadas tradições nada menos que realistas ou mesmo verossímeis, tais como a do diálogo em alexandrinos. E não é antes dessa época que alguém se preocupará com a "verdade do costume" definida a partir da situação concreta e singular de cada personagem.

6. O visível e o invisível

A exigência do verossímil e a definição bastante restritiva que recebe esbarram, como vimos, em certo número de dificuldades inerentes à notoriedade da fábula trágica. Elas são da ordem da aporia; tal acontecimento deve ser representado, sem o que a ação perderia toda credibilidade. Mas não pode ser representado sem suscitar incredulidade e reação de rechaço. Essa representação impossível reúne duas categorias de acontecimentos:

> 1. Aqueles que não levantariam dificuldades do ponto de vista da verossimilhança, mas que as condições materiais do palco não permitem reproduzir de maneira satisfatória (exemplo: o combate do *Cid* contra os mouros);
> 2. Aqueles que o teatro poderia materialmente mostrar de maneira a provocar sua ilusão, mas que, por uma razão ou outra, suscitariam a incredulidade. É o caso, particularmente, de tudo o que deriva da *verossimilhança extraordinária*, ou de tudo o que pertence ao campo do *horrível* — Medéia estrangulando seus filhos, por exemplo. Este último exemplo é revelador: considerando o que se sabe acerca da informação do público, seria inconcebível levar ao palco a história de Medéia suprimindo esse episódio. A representação se tornaria praticamente inverossímil. O teatro da época dispõe dos recursos para visualizar esse infanticídio. Mas o publico não conseguirá assisti-lo sem uma reação de horror que o levará a rejeitar toda a tragédia.

É para resolver dificuldades análogas que os teóricos põem em ação uma engenhosa dialética do *visível* e do *invisível*, do "representado" e do "contado". Essa dialética repousa em uma definição do tempo e do espaço trágicos fundada na heterogeneidade: há o espaço à vista do espectador e há um espaço periférico, próximo ou distante, invisível, mas utilizável pelo dramaturgo: Agripina e Júnia esperam em "um quarto do palácio de Nero" a reconciliação deste último com Britânico (espera e "quarto" expostos por Racine) enquanto no "apartamento" do mesmo Nero se consuma o envenenamento, que escapa à visão do espectador. Do mesmo modo, as condições materiais da representação — a obrigação de se assoar ou de substituir as velas que iluminam o tablado — fazem com que o tempo da representação seja escandido por interrupções (os entreatos) durante as quais a verossimilhança exige que a ação não se interrompa. Portanto, no total, o dramaturgo dispõe de quatro possibilidades de combinação espaço-temporal:

1. O acontecimento se passa *no palco* durante um *ato* da peça. É portanto representado e visto pelo espectador. Exemplo: Fedra, no auge do delírio, se apodera da espada de Hipólito (*Fedra*, II, 5).
2. O acontecimento se passa *fora do palco* durante um *ato* da peça. Não é portanto representado, mas se desenrola em simultaneidade com um acontecimento representado (por razões evidentes, o palco não poderia ficar vazio durante a representação). Exemplo: Bajazet é estrangulado pelos mudos do Serralho no momento que Atalida oferece sua vida a Roxana para salvá-lo (*Bajazet*, V, 6).
3. O acontecimento se passa *no palco* durante o *entreato*. Não portanto representado. Exemplo: Enona calunia Hipólito junto a Teseu. Quando a representação da cena entre esses dois personagens começa, o intervalo já começou antes de o pano subir (*Fedra*, IV, 1).
4. O acontecimento se passa *fora do palco durante o entreato*. Não é portanto representado. Exemplo: Rodrigo combate vitoriosamente contra os mouros (*O Cid*, III/IV).

(Para simplificar, consideraremos *entreato* o tempo que precede o início da representação do primeiro ato. Sua extensão pode ser considerável, como testemunha a longa "exposição" de *Rodogune*.)

Essas quatro possibilidade salientam um paradoxo da estética teatral clássica: uma única dessas combinações, a primeira, autoriza a representação. As outras três a impedem! Eis a razão pela qual o "representado" se torna indissociável do "contado". Esta última possibilidade, esclareçamos, excede o *relato* na forma: não conheceremos a calúnia de Enona senão pelas diversas alusões que lhe farão os personagens concernidos.

A exploração desses recursos permite resolver elegantemente certas dificuldades por nós referidas. Desde logo tudo indica efetivamente que a *narração* oferece duas vantagens sobre a *representação*:

1. Ela não é tributária das coerções do palco. Um *relato* pode mobilizar massas de guerreiros (o combate de Rodrigo contra os mouros), um monstro marinho, uma divindade furiosa, cavalos galopando (a morte de Hipólito);
2. Ela permite um efeito de *atenuação* que tornará suportável ouvir "contado" o que não se toleraria ver "representado", por exemplo o "amável" Hipólito horrivelmente dilacerado pelos rochedos da praia.

Essa substituição da *representação* pela *narração* era aliás recomendada por Aristóteles para resolver a dificuldade levantada pela representação do horrível ou do "verdadeiro-inverossímil".

A primeira geração clássica — que, no fundo, descobriu e amou o teatro através das representações "irregulares" não raro pródigas em episódios sangrentos e cruéis — sem dúvida se intimida menos diante do horrível do que a geração dos anos 1670. La Mesnardière, por exemplo, admite que seria mais fácil, para o dramaturgo, "extrair da piedade uma grande efusão de sangue e provocar o terror pela exibição dos culpados supliciados do que excitar os sentimentos exclusivamente pelo relato dos males que acabassem de sofrer" (*Poética*).

O que se opõe a tais representações, aos olhos de La Mesnardière, é menos o tato que recomendaria poupar a sensibilidade dos espectadores do que os limites tecnológicos do teatro. Por causa deles, a representação descambaria para o inverossímil: será que eu acreditaria, mesmo vendo, que Enona está se afogando no "profundo mar"? Que Medéia está estrangulando seus filhos diante de meus olhos? La Mesnardière não parece pretender uma solução ilusionista. Segundo ele, só se poderia representar o crime de Medéia mostrando o estrangulamento de crianças que desempenhassem os filhos da feiticeira! Solução satisfatória do ponto de vista do verossímil, mas audaciosa no plano da moral e da ordem pública... Espetáculos assim não podem ser encenados, observa o teórico, "sem que signifique perigo para as personas teatrais". Pode-se imaginar!

A esse respeito, é notável que o aristotelismo, para superar essas dificuldades, tenha considerado todas as soluções, salvo aquela que acabará por prevalecer nos séculos seguintes ou em gêneros por ele não controlados: a aceitação da *convenção*. O aristotelismo é incapaz de pensar a articulação entre *convenção* e *ilusão*. Não lhe parece concebível que um espectador possa acreditar naquilo que se opõe manifestamente a qualquer credulidade, seja porque se trata de um acontecimento irracional, "maravilhoso" (uma metamorfose, por exemplo), seja porque sua representação não seria nada mais que um "fingimento" (a simulação do assassinato dos filhos de Medéia).

Essa incapacidade é tanto mais espantosa pelo fato de que o aristotelismo se mostrará, além disso, capaz de integrar todo tipo de convenções ligadas à preocupação com o embelezamento e a magnificência da representação: diálogos versificados, figurinos empenachados e empetecados de ornamentos, rostos "empoados" etc.

Por outro lado, os repetidos triunfos dos gêneros que exploravam o veio do *maravilhoso*, "tragédias em música e máquinas" (as óperas), mais do que comprovam que o público da época está totalmente pronto para jogar o jogo da convenção e se deixar deliciosamente abusar pelos processos ilusionistas dos técnicos de palco. A incredulidade que os "doutos" lhe atribuem não é no fundo senão a projeção do senso crítico, da ironia de espectadores "profissionais" (os "eruditos"...).

7. A regra unitária

O hábito do teatro aliado à obsessão da perfeita verossimilhança permite fazer algumas constatações empíricas:

- a capacidade de atenção e de assimilação do espectador é limitada. Por conseguinte, confrontado a um novelo complicado de acontecimentos, mesmo que estes sejam atestados pela Lenda ou pela História, ele recua rapidamente;
- não é verossímil que em um único e mesmo lugar (o teatro), que evidentemente não se multiplica durante a representação, se possam mostrar diversos lugares diferentes ao sabor das exigências da ação;
- não é verossímil que uma representação cuja duração real é de algumas horas possa "imitar" um conjunto de acontecimentos que, para se realizarem, requerem vários dias, semanas, meses ou anos.

A doutrina unitária vai nascer a partir dessas considerações, regulando os três elementos estruturantes da peça de teatro: a *ação*, o *espaço* e o *tempo*.

A unidade de ação

Aristóteles já era bem explícito a propósito da ação. Enfatizava que não poderia haver obra representativa sem unidade. Que essa unidade não resulta do fato, em se tratando do teatro, de que ela representa as ações de um único herói. A peça é representação de uma fábula, isto é, de uma ação, e é essa ação que deve ser "unificada" para fundar a unidade da obra:

> A fábula, que é representação de ação, deve sê-lo de uma ação unida e que forme um todo; e as partes que constituem os fatos devem ser ordenadas de maneira que, se uma delas for deslocada ou suprimida, o todo seja deslocado e abalado. (*Poética* 51 a 16 & 30)

É portanto claro, desde Aristóteles, que a *unidade de ação* não se define tanto pela unicidade, mas pela coerência orgânica. Os acontecimentos representados ou relatados podem ser numerosos. Devem ser ligados uns aos outros por um elo de necessidade e, explicitamente, concorrer para o desenlace da ação, ou seja, para a "catástrofe" (o termo designa então o desfecho). Todo episódio que não cumprir essas duas condições deverá ser eliminado.

O século XVII explorará esse ponto. Fica especificado que uma *ação principal* deve se distinguir claramente das *ações secundárias*. Que estas devem contribuir para aquela segundo uma relação de subordinação lógica. Se alguns nostálgicos do exagero da cena barroca mostram reticências acerca desses pontos, elas logo serão varridas, e a partir dos anos 1640, o consenso será geral.

A unidade de tempo

Essa unanimidade contrasta com o clima de controvérsia que cerca a elaboração da *unidade de tempo*. Primeira dificuldade: Aristóteles, sobre essa questão, se mostra bem menos explícito do que a respeito da unidade de ação. Não fixa uma norma, mas sugere uma justa medida:

> A tragédia tenta o máximo possível se manter em uma revolução do sol ou não se afastar muito disso. (*Poética*, 49 b 9)

Isso provavelmente excluía as ações à maneira de Shakespeare, que não hesita em nos fazer reencontrar já adulta, depois do entreato, uma criança que tínhamos visto nascer um pouco antes (*Conto de inverno*)!

Porém, isso posto, o que é ao certo uma "revolução do sol"? Os comentadores vão explorar a perder de vista esse problema, no entanto secundário. A expressão pode ser entendida como definindo:

- seja o lapso de tempo correspondente ao que se chamava então o "dia natural", ou seja, vinte e quatro horas,
- seja uma duração assimilável à do "dia artificial", isto é, as doze horas que separam aproximadamente o nascer do sol de seu ocaso.

O que estava em jogo no debate não era, no entanto, puramente escolástico. Segundo alguns, a verossimilhança exige que se excluam as doze horas que correspondem à noite, uma vez que nada acontece nesse período reservado ao sono. Outros tentarão em vão retorquir que um bom número de acontecimentos se realiza precisamente quando a maior parte dos mortais está dormindo!

Mas a base do problema é a clara defasagem que existe entre a duração da ação e a da representação. Uma estrita verossimilhança suporia que as duas durações coincidem exatamente. A prática do teatro mostrou experimentalmente a dificuldade de atingir esse ideal. Quantas vezes a façanha de Racine — que fazia isso com *Berenice* quase naturalmente... — não foi saudada? Adota-se então um meio-termo: a coincidência perfeita será dada como um ideal a ser atingido e o poeta se esforçará por aproximar, o máximo possível, as duas temporalidades, sem necessariamente consegui-lo.

Também nesse caso o aristotelismo se mostra impotente para pensar a convenção temporal com a qual o teatro joga livremente. Da mesma maneira, recusa-se a admitir que o espectador possa se entregar ingenuamente a esse jogo e acreditar, ao longo da duração da representação, na duração da ficção, uma vez que a defasagem entre ambas era considerável.

Pouco a pouco, um ponto pelo menos foi ganhando unanimidade nesses debates e polêmicas. Qualquer que seja a interpretação que se faça da fórmula de Aristóteles, o "dia natural" (as "vinte e quatro horas") traça um limite que o dramaturgo preocupado com a verossimilhança evitará transpor.

Chapelain, em carta a Godeau de 30 de novembro de 1630, mostra-se coerente consigo mesmo. Fiel a seu ideal de coincidência perfeita entre a representação e a coisa representada, prega a homologia exata das duas temporalidades. Ao mesmo tempo, está bem consciente de que Aristóteles não é tão radical e que, na prática, essa homologia é praticamente irrealizável. Assim, vincula-se à doutrina do "dia artificial", isto é, "um pouco mais ou um pouco menos que a metade das vinte e quatro horas". Quanto ao "dia natural", deveria ser considerado uma extensão máxima da duração da ação. Chapelain também recomenda a utilização dos entreatos para atenuar a distância entre as duas temporalidades: suponha que a representação dura quatro horas e a ação tenha necessidade de doze horas. O dramaturgo deverá fazer de maneira que as oito horas de diferença sejam distribuídas entre os quatro entreatos. A sugestão é mais engenhosa que convincente. Não se vê por que um espectador refratário a qualquer tipo de convenção aceitaria que um tempo morto de aproximadamente meia hora correspondesse a umas duas horas de ação. Ou então, caso admita, não se vê por que poderia fazer a mesma coisa no que diz respeito ao tempo da representação. Estranhamente aliás, Chapelain parece visar essa hipótese:

> Fazendo acontecer no espaço de três horas tantas coisas que podem acontecer razoavelmente no espaço de vinte e quatro, o espírito se deixa facilmente convencer, pelo menos durante a representação, de que o que se passou durou aproximadamente esse tempo.

Porém, prisioneiro da doutrina que defende, ele não quer enxergar a conseqüência lógica de semelhante afirmação, que na verdade diz que no fundo o espectador está disposto a acreditar em tudo que se queira, de modo que a obrigação das vinte e quatro horas não teria mais razão de ser. É que para Chapelain a imaginação do espectador é bombardeada por seus sentidos. Estes não cessariam de remetê-lo à materialidade da representação e portanto desmentiriam as propostas da ficção: posso certamente imaginar que essa ação dura há vinte e quatro horas, vejo claramente que não estou no teatro há mais de três horas! A única solução, para que essa tensão não arruíne completamente a ilusão, é que o lapso permaneça moderado entre aquilo de que minha imaginação se persuade e o que minha consciência e meus sentidos captam.

É em torno dessa questão que irá girar, em 1637, a Querela do *Cid*. Aos olhos de Scudéry, a condensação em vinte e quatro horas de acontecimentos que se passaram ao longo de vários anos torna a peça de Corneille inverossímil, "defeituosa":

> Pois enfim, no curto espaço de um dia natural, um príncipe de Castela é eleito governador; há uma discussão e um combate entre Dom Diego e o Conde, outro combate entre Rodrigo e o Conde, outro de Rodrigo contra os mouros, outro contra Dom Sancho; e realiza-se o casamento entre Rodrigo e Ximena. (*Observações sobre o* Cid)

Chapelain apóia a argumentação de Scudéry. A polêmica permite esclarecer a doutrina: se o "dia artificial" constitui a duração desejável e o "dia natural" é um máximo a não ser ultrapassado, trata-se aí de condições necessárias, mas insuficientes. Em outros termos, a *unidade de tempo* não é uma norma autônoma. Não se poderia considerá-la independentemente da *unidade de ação*. Não basta conceber uma ação que caiba nas vinte e quatro horas, é preciso também que sua estruturação permaneça conforme aos imperativos do *verossímil*. Isso era condenar o teatro barroco, que, como observava ironicamente Sarasin, amontoa todo tipo de peripécias, "os amores, os ciúmes, os duelos, os disfarces, as prisões e os naufrágios" (*Discurso sobre a tragédia*, 1639).

A segunda geração clássica concordará a respeito das vinte e quatro horas tomadas como norma (Corneille chegará a trinta horas em seu *Discurso sobre as três unidades*), ao mesmo tempo porque essa posição parece mais conforme ao pensamento de Aristóteles e porque ameniza sensivelmente a coerção imposta ao dramaturgo.

Mas a discussão sobre a *unidade de tempo* é dupla. Embora oponha partidários e adversários do "dia natural" ou do "dia artificial" que, pelo menos, estão de acordo sobre o princípio em si da unificação, mais amplamente divide adeptos e inimigos desse mesmo princípio.

A tradição pré-clássica não se impunha nenhuma outra coerção referente à temporalidade além daquelas que decorriam da organização do enredo. Este, fértil em peripécias, podia se estender por vários meses, vários anos, sem que o público se melindrasse em nada pelo lapso que se abria entre as durações respectivas da ação e da representação — a ponto de certas peças barrocas serem representadas em várias "jornadas" sucessivas. Duas com mais freqüência, mas *Teageno e Caricléia*, de Hardy (1623), exigiam... oito.

Por que então, perguntavam os defensores desse teatro, romper com uma fórmula que permite ao dramaturgo total liberdade de manobra e que, além disso, deu prova de sua eficácia com respeito à adesão do espectador? Rejeitando a exigência do tempo unificado, voltam astuciosamente contra seus adversários o argumento da *verossimilhança*: se é inverossímil "representar" em algumas horas uma ação que, manifestamente, precisa se estender por vários meses ou anos, não o é também querer encaixar em doze ou vinte e quatro horas acontecimentos que requerem, claramente, mais tempo para se realizar ou se encadear uns aos outros?

A *unidade de tempo* também é criticada por impedir os "belos efeitos", aquelas surpresas espetaculares que deixavam louco o público dos anos 1630, aliás mais do que indulgente para com sua extravagância ou inverossimilhança. Como vemos, a problemática da *unidade de tempo* deve ser considerada de um duplo ponto de vista: o da *verossimilhança* e o da *ação*. Para os aristotélicos, a primeira deve primar sobre o andamento da segunda. Para seus adversários, é naturalmente o contrário.

Corneille vai se esforçar por submeter a maior parte de suas tramas à exigência unitária depois da Querela do *Cid*. Sua posição, no fundo, pode ser assim resumida: decerto a *unidade de tempo* deve ser dada como "regra". Mas apenas na medida em que pode beneficiar a ilusão teatral, não devendo ser erigida como absoluta nem prevalecer contra as exigências antagônicas de um "belo tema":

> Creio que devemos sempre fazer o possível em favor da unidade de tempo, até forçar um pouco os acontecimentos que tratamos para a ela se adequarem; mas caso não conseguisse atingir isso, eu a desprezaria sem escrúpulos e não gostaria de perder um belo tema por não conseguir reduzi-lo a ela. (Segunda advertência à Antologia de 1657)

A unidade de lugar

Em sua *Poética*, Aristóteles não leva em consideração a questão do lugar e de sua unificação. Os primeiros comentadores italianos tampouco abordam o problema, uma vez que Aristóteles não o coloca.

A questão vai ser inicialmente considerada a partir do duplo parâmetro da *verossimilhança* e da *duração*. Impõe-se a idéia de que o espaço da ficção deveria ser definido por referência ao espaço real que um personagem pudesse percorrer ao longo da duração da representação. Alguns exegetas como Castelvetro chegam porém à formulação que irá se tornar a da *unidade de lugar*. Seu raciocínio é idêntico àqueles que aplicavam à temporalidade. Apóia-se na identificação do "representado" e do real. Castelvetro:

> A tragédia deve ter como tema uma ação que se passou em um pequeno espaço de lugar e em um pequeno espaço de tempo, ou seja, no lugar e na época em que os atores estão ocupados em atuar. (*Poetica d'Aristotele vulgarizzata*, 1570)

Na França, a força da tradição pré-clássica que repousava na multiplicidade dos lugares, somando-se ao silêncio de Aristóteles, explica claramente por que a regra da unificação se impõe sorrateiramente. Chapelain não se interessa por ela, mesmo sendo certo que, nos anos 1630, os doutos debatiam a questão. Mas, da mesma maneira que a coincidência perfeita das duas temporalidades é considerada antes um ideal do que uma obrigação, a princípio a idéia de uma homologia exata entre o espaço cênico e o da ação não se impõe. Todos se limitam a observar que o lapso entre os dois deveria ser moderado, sob pena de provocar uma reação de rejeição em nome do verossímil. Assim, seria melhor que a cena representasse uma região limitada em vez de diversas regiões, uma cidade em vez de uma província, um palácio em vez de uma cidade. A norma poderia ser determinada com relação ao tempo. Seria considerado "verossímil" o espaço que um personagem, em condições reais, poderia percorrer em vinte e quatro horas, mesmo que fosse uma cidade e sua periferia.

É só com a Querela do *Cid* que a regra de um lugar único vai se impor e que a tradição barroca será condenada. Quer a ação se desenrole em vários lugares figurados simultaneamente (cenário simultâneo) ou sucessivamente (mudança de cenários durante os entreatos), tais opções são denunciadas como inverossímeis. Pois como um mesmo lugar real poderia representar vários? E, além disso, a multiplicação dos lugares é fonte de confusão para o espectador.

É d'Aubignac quem fará a exposição mais clara e mais sistemática da nova regra. Em primeiro lugar, baseia-a no princípio de *verossimilhança*. Um único espaço, o do palco, não seria capaz, desse ponto de vista, de representar dois, "por exemplo a França e a Dinamarca, a galeria do Palácio e as Tulherias". Não admite portanto nem mesmo a extensão do espaço da ação à área geográfica que um indivíduo pode percorrer em um dia.

Não admite mais as "mudanças de faces" (de cenários), das quais no entanto o público se mostra ávido e que permitiam situar cada ato em um lugar diferente. É inverossímil, a seu ver, que um único espaço possa representar vários, qualquer que seja a modalidade adotada (simultaneidade ou sucessividade). Portanto:

> O lugar onde supostamente se encontra o primeiro ator que faz a abertura da peça deve ser o mesmo no final, e esse lugar, não podendo sofrer nenhuma mudança em sua natureza, também não admite nenhuma na representação. (*A prática do teatro*)

Entretanto ele está perfeitamente ciente das inclinações do público. Assim, empenha-se em reduzir as conseqüências de seu dogmatismo sem ceder em seus princípios. Pode-se muito bem admitir, diz ele, as mudanças de cenários contanto que o lugar representado seja sempre o mesmo. O que isso quer dizer? Um palácio abandonado situado em uma praia marinha poderia inicialmente servir de asilo para indigentes. Caso um príncipe venha a encalhar nessa praia em conseqüência de um naufrágio, ele pode se instalar no palácio e lhe devolver seu antigo lustro. Uma peripécia qualquer poderia depois fazer com que ardesse em chamas. Finalmente, em suas ruínas calcinadas, uma batalha poderia ser travada![10]

D'Aubignac admite também as transformações "plausíveis" do lugar, isto é, todas aquelas que não tragam prejuízo à sua unicidade, até mesmo metamorfoses provocadas por um mágico!

Vê-se claramente que um raciocínio tão ardiloso tem por objetivo não desvincular o aristotelismo dos hábitos e gostos do público e das práticas correntes dos teatros. Mas acaba por intensificar a confusão entre o real e o representado. Pois o espaço da ação deve ser homólogo a seu modelo não apenas por sua fixidez, mas por sua aptidão à transformação (pelo tempo e pela erosão, pela arte dos homens, pelo fogo ou pela água, até mesmo pelo poder de um encantamento...). Vemos mais uma vez que a convenção teatral definida como um contrato de jogo passado entre o teatro e o público é recusada. Seja uma batalha nas ruínas de um palácio queimado. Segundo d'Aubignac, o espectador só será capaz de acreditar nisso se o palácio for o mesmo onde se desenrolavam os precedentes episódios da ação, e não um outro, e se lhe explicam como esse monumento passou do esplendor à ruína!

D'Aubignac, enfim, se dedica a integrar à ordem da verossimilhança a convenção das convenções, aquela que impõe a abertura do espaço cênico diante do público:

> É ainda preciso que o espaço seja pressuposto aberto para a realidade das coisas, como aparece na representação. (*A prática do teatro*)

Tal exigência não é, ninguém duvida, de fácil cumprimento — e d'Aubignac está bem consciente disso. Assim, recomenda a utilização de espaços naturalmente "abertos", a fachada de um palácio para a tragédia, ou a famosa "praça pública" que se tornará o lugar paradigmático da comédia clássica.

Os dramaturgos se resignarão com mais ou menos bom grado a esse último requisito. As indicações preliminares das peças publicadas permanecem na moda. Remetem ao célebre "palácio ao gosto", o de Félix em Melitene (*Polieuto*), de Ptolomeu em Alexandria (*A morte de Pompeu*) etc. Corneille, manifestamente, entrega tudo para o "fingidor" (o cenógrafo). Cabe a ele encontrar uma solução compatível tanto com a ação quanto com as regras.

Um pouco mais tarde, Racine vai oscilar entre dois partidos. Às vezes especifica que o lugar da ação é um espaço fechado. A "abertura" exigida por d'Aubignac é então sacrificada no altar da *verossimilhança interna*. *Andrômaca* se passa "em uma sala do palácio de Pirro". E como, com efeito, explicar que uma negociação que envolve o embaixador de todos os gregos e o rei de Épiro se desenrola diante da "fachada do palácio" aberta a todos os ouvidos indiscretos? Mesma coisa para *Britânico*, situado "em um quarto do palácio de Nero". De fato não cai bem que Agripina lembre a seu ingrato filho todos os crimes que ela cometeu por ele "na frente do palácio"! Mas, quando possível, Racine não despreza essa busca de uma verossimilhança forçada. Em *Mitridate*, a indicação preliminar é geográfica. Mas comporta uma especificação que torna possível um cenário "aberto":

> A cena é em Ninféia, porto marítimo no Bósforo Cimério.

O mesmo para *Ifigênia* supostamente passada "em Áulis, na tenda de Agamenon". No caso, é o próprio diálogo que legitima a "abertura" do lugar:

> Que glória, Senhor, que triunfos igualam
> O espetáculo pomposo que essas margens vos exibem?

Já Molière é nitidamente mais independente. Ao sabor de suas intrigas, utiliza espaços "abertos" de tipo "praça pública" (*A escola de mulheres*, *As artimanhas de Escarpino*) ou "fechadas" de tipo "quarto" (salão) (*O misantropo*, *As mulheres eruditas*, *O doente imaginário*). Em todo caso, ele não parece nada preocupado em justificar a abertura convencional do palco. Seus cenários são antes de tudo "encruzilhadas" que permitem os encontros necessários à progressão da ação; além disso seus textos são bastante avarentos em indicações explícitas.

Nesse domínio, o aristotelismo criticava não apenas a liberdade de criação dos autores, mas, além disso, interesses econômicos: os dos diretores de companhias — preocupados com boas receitas, portanto sucesso, que tentavam lisonjear o gosto do público com todas as formas de espetacularidade, em particular com a variedade dos cenários, e dos "fingidores" — e o de todos os artesãos, que forneciam o material cenográfico para o teatro. Podemos conceber que a resistência ao magistério aristotélico tenha sido, nesse plano, especialmente viva, e veementes os ataques lançados pelos "doutos" contra esse laxismo barroco que não hesitava em "colocar a França em um lado do teatro, a Turquia no outro e a Espanha no meio" (d'Aubignac)!

Contrariamente ao que a tradição escolástica fazia crer, não é certo que o aristotelismo tenha vencido essa batalha. É claro que o domínio da regra unitária irá se impor aos gêneros considerados eruditos (tragédia, tragicomédia, grande comédia etc). Mas unicamente a eles! A exuberância barroca permanecerá florescente em outros gêneros mais preocupados com proezas cenográficas do que com verossimilhança — balé de corte, ópera, ópera-balé etc. Os "doutos", que em vão irão fustigar e ridicularizar esses gêneros rebeldes à sua autoridade, não conseguirão que o público se desvie deles, longe disso! E, no meio desse público, era preciso contar o Rei e toda a Corte...

Os melhores autores, aliás, mantêm um pé na tradição barroquizante — por gosto e obrigação ao mesmo tempo. Molière concorre ativamente para a realização das festas e divertimentos da Corte, que, ninguém duvida, não liga a mínima para a *unidade de lugar*. E, quando escreve como catástrofe uma peça que deve substituir *Tartufo*, proibida, e abarrotar a bilheteria da companhia, escolhe a história de Dom Juan e evita concentrar em um único lugar uma ação movimentada. Corneille contribui, ao lado de Quinault e Molière, para a tragédia-balé *Psiquê*. Escreve uma *Andrômeda*? É, admite sem se fazer de rogado, uma peça "que não é senão para os olhos". Ela deve permitir o reaproveitamento das máquinas aperfeiçoadas por Torelli para o *Orfeu* de Rossi, que conhecera o sucesso em 1647 e supunha a confecção de seis cenários sucessivos (a peça comporta um prólogo e cinco atos). Quinault, enfim, se dedica não apenas a uma obra dramática pessoal, mas também à redação de libretos para as faustosas óperas de Lully...

Esse contexto esclarece a ideologia que subjaz ao aristotelismo francês. Se por um lado desvaloriza tão obstinadamente o espetacular, é porque se trata de um campo da prática teatral que não se dobra facilmente aos decretos dos "doutos" e que é apoiado por um público pouco sensível aos encantos da verossimilhança ou ao gênio de Aristóteles. Assim, os "doutos" fazem de tudo para desacreditar esse público, para tornar sua opinião ilegítima. Pois, por mais "ignorante das regras" que seja, mesmo assim trata-se do público que enche as salas e alimenta as receitas. O único público "legítimo aos olhos dos doutos" — esses "conhecedores" que sabem as regras ou essa "gente honesta" que tem opiniões acerca de tudo — constituía mais um público leitor do que o verdadeiro público dos teatros.

8. Digressão sobre o decoro

A noção de *decoro* não pertence ao *corpus* aristotélico. Contudo subjaz à estética clássica. Nenhuma tragédia conseguiria receber a aprovação dos "doutos" se não se curvasse às obrigações daí decorrentes.

O *decoro* é indissociável da busca da verossimilhança. Mas não se confunde com ela. Define um sistema de coerções que derivam não da economia interna da fábula ou dos dados comprovados pela Lenda ou pela História, mas de uma vulgata da qual o espectador seria o detentor. O dramaturgo deve portanto evitar qualquer descompasso entre essa vulgata e sua peça. Isso significa que, nesse sistema, a singularidade histórica não tem lugar. Seja um rei: pouco importa que pertença à Lenda (Pirro, Teseu etc.), à História (Augusto, Nero, Tito etc). Pouco importa que seja grego, romano ou otomano. Deve em primeiro lugar adequar-se à imagem que o público faz da realeza (ou talvez à imagem que se pretende que ele faça).

Mais genericamente, o *decoro* afirma uma "natureza" aristocrática que legitima pelo "curso das coisas" a organização da sociedade, sua hierarquia... Há, dizem, uma "postura" especificamente aristocrática, uma "majestade" real, maneiras de ser próprias dos príncipes (dos heróis, dos deuses...) que os distinguem da humanidade comum. Basta que um personagem que pertence a essa humanidade "superior" se veja provido de um comportamento singular, inadequado a essa representação, e o espectador não será mais capaz de aderir à ação teatral. A peça torna-se inverossímil e "ridícula". D'Aubignac:

> Acredito que ninguém aprovaria que se fizesse uma princesa ir e vir com a mesma diligência que um escravo, a não ser que uma violenta agitação fosse causa dessa desordem contra o decoro de sua condição; pois é sempre preciso lembrar que a verossimilhança é a primeira e fundamental de todas as regras. (*A prática do teatro*).

Pode aliás ocorrer de o decoro e a estrutura da fábula (a *verossimilhança interna*) não serem compatíveis. O primeiro repousa em um sistema de valores que a segunda, inspirada na Antigüidade, não reconhece. Assim, d'Aubignac deve confessar seu embaraço diante da leitura de *Édipo*:

> [Édipo] deixou a cidade de Corinto. E, o que é aqui bem considerável, a deixa sozinho, caminhando por toda a Grécia e tendo como séquito um simples criado para servi-lo. Não sei se aprovarão essa comitiva de um filho de rei para uma viagem de tal importância, e no entanto é o que é preciso supor contra a verossimilhança, caso se queira conservar alguma sombra dela no restante de suas aventuras. (*Terceira dissertação sobre Édipo*)

Os "doutos" não se privam de esmiuçar minuciosamente as obras novas no que diz respeito ao tópico da conformidade ao *decoro*. Este não define apenas um formalismo, o respeito de uma *doxa* que se liga aos protocolos da corte real, mas, mais amplamente, uma moral. Assim, d'Aubignac condena a admirável cena de *Polieuto* (II, 2) ao longo da qual Paulina confessa a Severo que sempre o amou. Pois, afirma ele, "é absolutamente inadmissível que uma mulher diga de sua própria boca a um homem que tem amor por ele, e menos ainda que não se sente forte o suficiente para resistir a essa paixão" (*A prática do teatro*).

Graças a Deus, nesse ponto Racine não dará a mínima para a opinião dos "doutos"! Contudo, em seus prefácios, terá grande preocupação em mostrar cuidado com o decoro. Um cuidado que o leva, em caso de necessidade, a modificar certos dados da tradição antiga. Assim, a propósito de *Andrômaca*:

> Aqui não se trata de Molosso. Andrômaca não conhece outro marido senão Heitor, nem outro filho senão Astianax. Acreditei com isso me *conformar à idéia que fazemos agora dessa princesa.*[11] A maior parte daqueles que ouviram falar em Andrômaca a conhecem apenas como a viúva de Heitor e como a mãe de Astianax. Não se acha absolutamente que deva amar nem um outro marido nem um outro filho. E duvido que as lágrimas de Andrômaca tivessem causado sobre o espírito de meus espectadores a impressão que causaram se tivessem corrido por um outro filho que não aquele que ela tinha de Heitor.[12] (Segundo prefácio de *Andrômaca*, 1676)

O decoro pode ser *externo*. É o caso nos exemplos que acabamos de considerar. Ele define um conjunto de normas que derivam das convicções do público. Mas também pode ser *interno*. Determina então uma norma a partir da estruturação da fábula de modo que o público possa apreciá-la. Assim com *Fedra*, Racine prefere se afastar de seu modelo grego em um ponto preciso:

> Acreditei que a calúnia tinha algo de muito baixo e muito escuso para colocá-la na boca de uma princesa que, aliás, tem sentimentos tão nobres e virtuosos. Essa baixeza me pareceu mais conveniente a uma pajem que podia ter inclinações mais servis ..." (Prefácio de *Fedra*, 1677)

Em outras palavras, o público não acharia verossímil que um personagem apresentado como nobre e virtuoso, e que além disso é de linhagem divina, pudesse se entregar a um ato dessa natureza.

O *decoro* é igualmente ligado à problemática da pompa trágica. A tragédia põe em cena príncipes, heróis e soberanos com freqüência diretamente descendentes dos deuses. Não conseguiriam portanto evoluir em um ambiente trivial, nem segundo um *habitus* comum. O figurino, o procedimento, o discurso... mas também o cenário, os figurantes — tudo deve contribuir para sugerir que essa humanidade é de uma essência diferente da dos mortais comuns. La Mesnardière não cala sua admiração pela fábula de *Meleagro*. É que esta exibe, como em estado puro, um universo exclusivamente principesco, reuniões das "cabeças coroadas", paixões de que apenas príncipes e princesas são objeto:

> Cálidon, que é o cenário ... expõe de uma tacada só, naquela famosa caça, mais cabeças coroadas do que restam na Grécia. Se Meleagro sente amor é por uma filha de rei, a mais célebre de seu tempo. Se o furor o exalta, não mata senão príncipes. Se Altéia vinga seus irmãos, causa a morte do herdeiro de uma coroa ... Não podemos deixar de confessar ... que esse tema é admirável, que fornece ao escritor apenas imagens pomposas e idéias magníficas. (*Poética*)

Em suma, o *decoro* não consiste, estritamente falando, nos cânones formulados pela *Poética* de Aristóteles. Porém, no século XVII, tem tamanha importância que faz parte integrante do aristotelismo francês. Do mesmo modo que a *verossimilhança*, constitui um dos pilares teóricos e práticos da estética teatral clássica.

9. A estética e a política

O que estava em jogo no debate, como vimos, era a conquista de um poder simbólico, mas também, não esqueçamos, econômico, que visava dominar as atividades do teatro. A teorização aristotélica era parte de uma estratégia que tinha como objetivo eliminar tudo o que podia ser obstáculo a essa conquista. Eis por que o público, que julgava os espetáculos exclusivamente segundo o critério de seu prazer, devia ser recusado, "deslegitimado". Os autores reticentes deviam ser convertidos (Scudéry) ou reduzidos ao silêncio. Em 1639, um certo Durval anuncia que abandona o teatro porque "os Regulares, sob pretexto de reforma, usurparam a posse da sala [do teatro] das Musas para ali fundarem sua seita" (Prefácio de *Pantéia*). O próprio Corneille achará a dita "seita" perigosa demais para que valesse o esforço de se sujeitar às suas exigências.

A virulência do debate foi esquecida. Os "doutos" são suficientemente poderosos e organizados para criar um clima insuportável em torno de uma peça que julgam "irregular". Espalham libelos de rara violência. Fomentam cabalas.

Que Chapelain seja, junto a Richelieu, depois a Colbert, um conselheiro ouvido no que se refere à distribuição das gratificações reais que eram uma das principais fontes de receita dos autores — tem evidentemente sua importância. Que os defensores de Corneille, por ocasião da Querela do *Cid*, não ousem assinar os textos que redigem para apoiá-lo (*O julgamento do Cid por um burguês de Paris*, *O discurso em Cliton*...), isso diz bastante do clima de opressão teológica que cerca o advento da estética clássica.

Não há dúvida de que o empreendimento não teria sido bem-sucedido a esse ponto sem o apoio de Richelieu. Mas como explicar sua posição manifesta em favor dos aristotélicos? Certamente os "doutos" podiam constituir um corpo de intendentes dedicados à causa do poder monárquico, capazes de impor seu controle sobre as atividades do teatro e sobre a ideologia que este difundia. O aristotelismo era em primeiro lugar uma ordem, uma regulamentação. E é verdade que a tradição barroca que repousava na liberdade de invenção dos criadores, que se apoiava não em uma "panelinha", mas no sufrágio de um público eclético, que veiculava a ideologia nobiliária, o individualismo, a ostentação, a recusa da Lei... — é verdade que essa tradição não podia ser senão suspeita para uma monarquia que lutava para consolidar seu absolutismo. A criação teatral — única prática cultural, então, a reunir as massas — era motivo político de disputa. O poder tinha necessidade de assegurar seu controle do mesmo modo que se esforçava por controlar o ardor e os caprichos de uma aristocracia inquieta.

Eis também por que não haverá solução de continuidade com Luís XIV. A tragédia, como aliás os gêneros independentes do aristotelismo, tem como função promover a glória real. É justamente isso que explica os limites do poder normativo do aristotelismo. Desde que a monarquia assegurara o controle do campo cultural, impondo-lhe a sujeição à ideologia absolutista, a estética das "regras" não se fazia mais tão necessária. Luís XIV, a Corte, a própria Cidade (Paris) podiam sem remorso se entregar às delícias bem pouco aristotélicas do espetáculo com máquinas, cenários múltiplos, música e dança. Por mais barroquizantes que fossem formalmente, esses gêneros serviam perfeitamente ao objetivo de celebração que o poder lhes havia conferido.

Leituras Recomendadas

BOILEAU, Nicolas, *L'Art poétique*, org. J.-C. Lambert e F. Mizrachi, Paris, UGE, col. 10/18, 1966.

BRAY, René, *La Formation de la doctrine classique en France*, Paris, Nizet, 1927 (reed. 1951).

CORNEILLE, Pierre, *Préfaces. Examens. Les Trois Discours*, in *Oeuvres complètes*, org. G. Couton, Paris, Gallimard, col. de la Pléiade, 3 vols., 1980.

JOMARON, Jacqueline de (sob a direção de), *Le Théâtre en France*, vol.1, Paris, Armand Colin, 1988.

MOREL, Jacques, *La Tragédie*, Paris, Armand Colin, col. U, 1964.

SCHERER, Jacques, *La Dramaturgie classique en France*, Paris, Nizet, 1950.

II. Da Tragédia ao Drama

1. O gênio, o prazer e a virtude

Aspirando à renovação

O aristotelismo se impôs na cena trágica durante mais de um século a contar do silêncio de Racine depois de *Fedra* (1677). O fato de não ter suscitado nenhuma obra-prima duradoura, sequer uma peça na qual se possa encontrar outro interesse senão o documentário, diz bastante da esterilização progressiva de uma estética e do poder normativo sobre o qual ela se apoiava.

O teatro mais vigoroso, no século XVIII, será o dos farsistas dos teatros da Feira e dos Italianos, além de Marivaux e Beaumarchais. Formas que ora prescindem da teoria e repousam na transmissão de uma experiência e na busca da eficiência cênica (Feira, Italianos) ou que se apóiam em uma teoria implícita adequando-se sem muito esforço às "regras" (Marivaux), ou até mesmo em uma teoria explícita que ataca a tradição aristotélica (Beaumarchais).

Um dos limites do aristotelismo era que se oferecia como uma doutrina fechada, excluindo qualquer possibilidade de transformação e de progresso. Aristóteles e os Antigos, substituídos pelos "doutos", haviam enunciado as condições de uma perfeição atemporal. Não era concebível que as "regras" fossem modificáveis ao sabor da evolução dos gostos do público, das práticas sociais, da tecnologia cênica etc. Atemporais, colocavam-se como intangíveis.

É provavelmente a Perrault, em 1687, que devemos a inauguração da crítica desse fixismo. Por ocasião da primeira Querela dos Antigos e dos Modernos, ele afirma efetivamente que a criação artística, a exemplo das ciências, deve ela também se submeter a processos de evolução, de transformação, em suma à lei do progresso. Para justificar tal afirmação, é levado a questionar o dogma da superioridade eterna dos Antigos. Os Modernos, diz, fizeram tão bem quanto seus modelos, às vezes melhor. E isso prova claramente que a arte, como qualquer produção humana, está submetida à lei universal do progresso. As comédias de Molière não são indignas das de Terêncio. As tragédias de Racine nada têm a invejar das de Eurípides. O exame da produção do século XVII, nesse domínio preciso, corrobora sua hipótese. De Mairet a Corneille, de Corneille a Racine, a marcha rumo a uma crescente perfeição estética é patente. Mas como não ver a conseqüência decorrente de tal análise? Se o teatro também está submetido à lei do progresso, portanto da mudança, a estética por ele reivindicada e a teoria que o fundamenta não poderiam ser imutáveis.

O século XVIII irá explorar esses dois caminhos. Ambos têm em comum o fato de postularem a possibilidade de um progresso da dramaturgia e da representação a partir de uma transformação de suas bases teóricas.

O primeiro é "relativista". Visa não romper com o aristotelismo do século precedente, mas modificá-lo de modo que o teatro que ele gera possa responder às aspirações dos contemporâneos. Esta será particularmente a posição de Voltaire.

O segundo é "radical". Define as bases de um teatro novo em ruptura com as "regras" ou que conserva delas apenas o que lhe convém. Será a dramaturgia elaborada por Diderot, Beaumarchais, Mercier etc., que rejeita a mitologia arcaizante, a "pompa" inerente ao gênero trágico, os diálogos versificados, a unidade de lugar etc. Propõe-se encenar personagens que pertencem à experiência cotidiana de cada espectador: burgueses, artesãos, homens do povo etc. E que falam a mesma linguagem que ele, que enfrentam problemas, angústias que lhe são familiares. Em suma, essa nova doutrina recusa radicalmente as "convenções" do aristotelismo em nome de um "realismo". Condena a estética da *bela natureza* em nome da *natureza verdadeira*. Seu sonho consiste em suplantar a tragédia pelo *drama burguês*.

Trata-se claramente de uma mutação do pensamento teatral francês, mesmo com as produções por ele suscitadas não sendo imediatamente convincentes. Ao espírito teológico e à devoção que governavam a mentalidade do aristotelismo sucede um racionalismo crítico que recusa o argumento de autoridade. Não reconhece nem mesmo a idéia de uma ortodoxia estética. A imitação não lhe parece mais um valor seguro. A admiração que se pode ter por uma época ou por criadores ilustres não deve orientar a produção contemporânea. Não aceita norma ou regra senão justificadas por uma análise da razão, tampouco juízo estético que não seja apoiado por uma livre reflexão. Houdar de la Motte:

> Não temamos usar nossa razão, ela é o árbitro natural de tudo o que os homens nos propõem e ceder cegamente a decisões humanas é profanar o sacrifício de seu juízo; só se deve concordar quando se estiver esclarecido e, uma vez expostos seus pontos de vista com a desconfiança da razão que nos faz sermos nós mesmos, não há ninguém que não possa contradizer francamente as opiniões mais batidas. (*Discurso sobre Homero*, 1714)

Essa recusa da tirania aristotélica não deve ser precipitadamente assimilada a uma vontade de restituir uma liberdade criadora aos indivíduos. A Razão, afirma-se, deve submeter a exame cada regra estabelecida não para libertar o teatro de qualquer lei, mas para melhorar a eficácia de seus fundamentos teóricos.

Um relativismo

Esses "geômetras" que reverenciam a onipotência da Razão no fundo voltam contra o aristotelismo aquele racionalismo sobre o qual este pretendia fundar seu império. Mas, ao lado deles, desenvolve-se um pensamento marcado pelo *newtonismo*. Não existe Verdade imutável. Existem apenas dados da experiência cujos limites podem ser progressivamente expandidos. O que significa dizer que toda norma é relativa. Que qualquer regra pode ser periodicamente submetida a exame, corrigida ou mesmo rejeitada como caduca. Imperfeito — diz Locke —, o homem só pode ter das coisas um conhecimento imperfeito e flutuante, uma vez que o adquire como "auxílio dos sentidos", ferramentas que não são mais perfeitas que seu usuário. Só Deus pode ter acesso a um conhecimento ao mesmo tempo perfeito e imutável.

Esse relativismo leva em conta, no campo da criação, novos parâmetros, tais como as condições antropológicas, históricas e assim por diante. Além disso, confere legitimidade às produções artísticas de cada civilização, de cada país, de cada época. Ao mesmo tempo, restaura a categoria do prazer como critério de avaliação, mesmo que este prazer seja impotente para se legitimar exclusivamente pela racionalidade. Dubos:

> Se o mérito mais importante dos poemas e dos quadros era adequarem-se às regras redigidas por escrito, poderíamos dizer que a melhor maneira de julgar sua excelência, assim com o grau que devem ter na estima dos homens, seria o caminho da discussão e da análise. Mas o mérito mais importante dos poemas e dos quadros é nos proporcionar prazer ... Todos os homens, com ajuda do sentimento pessoal que lhes é inerente, conhecem as regras sem o saber, sabem quando as produções das artes são bons ou maus trabalhos. (*Reflexões críticas sobre a poesia, a pintura e a música*, 1719)

Claro, os autores dramáticos vão se aproveitar dessa mutação epistemológica para reivindicar uma soberania e uma liberdade de invenção em relação às quais o aristotelismo os havia de certo modo frustrado. Voltaire, particularmente, ridiculariza os pedantes, "dorso curvado sob um monte de autores gregos, todos pretos de tinta e com as cabeleiras empoadas", os quais, criadores estéreis, pretendem orientar o poeta e legislar em seu lugar! Mostra-se engenhoso ao lembrar que todos os tipos de obras-primas nasceram antes do surgimento das "regras" ou à revelia delas; que são inúteis ao "gênio" e que não conferem, longe disso, o dito gênio a quem dele é desprovido. No máximo, consente em reconhecer, poder-se-ia admitir que alguns elementos constitutivos da obra de arte transcendem as especificidades, os gostos de cada época ou de cada país. Mas o "bom senso" deveria bastar para repertoriar essas invariantes.

Relativismo, empirismo, pragmatismo, talvez ceticismo, eis os fundamentos da maioria das reflexões inovadoras sobre o teatro do século XVIII. Em seu *Ensaio sobre o gênero dramático sério* (1767), Beaumarchais explica que não seria capaz de teorizar e que, para provar que o movimento existe, prefere sair andando. Eis por que apresenta, à guisa de ilustração, o texto de seu drama *Eugênia* em seguida ao *Ensaio*.

Os direitos do gênio

Publicado seis anos mais tarde, o *Novo ensaio sobre a arte dramática*, de Mercier, recusa em bloco, com uma fecunda e violenta polêmica, "essa turba escolástica que só fala pela boca dos mortos", esses "dissertadores" saudosistas cujo único objetivo parece ser excomungar o presente e o futuro! A polêmica choca pela lucidez. Mercier tomou consciência de que o que estava em jogo no debate era o exercício de um poder ilegítimo. Esse "verme corrosivo e indestrutível", fulmina, "tiraniza seu vizinho e o submete a seu código literário". O "gênio poético" vê-se desse modo despojado de sua "liberdade primitiva". Eis por que todo dogmatismo legislador torna-se suspeito. Só a experiência criadora possui títulos para definir uma estética. Além disso, esta última só terá valor para seu autor:

> Tu que te sentes um gênio flamejante, que necessidade tens de te cercares de poéticas e de te humilhares ao consultá-las ora uma ora outra? ... O que te ensinarão Aristóteles, Vida, Horácio, Scaliger, Boileau? Lugares-comuns, verdades triviais, jamais o segredo da composição. Ele está em ti, está a teu dispor se souberes aproveitá-lo.

Desta feita, os teóricos do *gênero sério* (do drama) encontram-se em uma falsa posição. Com efeito, como legitimar uma teoria inovadora a partir do momento em que se professa a ilegitimidade de qualquer teorização generalizante no campo da criação artística? Desde 1758, em seu *Discurso sobre a poesia dramática*, Diderot relativizava as reflexões que pretendia dedicar ao teatro sublinhando que o "gênio" precede toda teoria, que são os epígonos que extraem "regras" de algumas obras-primas e que fixam fronteiras intransponíveis. Sustenta também que o gênio individual é a fonte autorizada de seu próprio sistema criador e que se torna abusivo erigir esse sistema em legislação universal:

> Quanto mais reflito sobre a arte dramática, mais meu humor se volta contra aqueles que escrevem sobre ela. É um tecido de leis particulares das quais foram feitos preceitos gerais.

Como Voltaire, ele vai fundamentar a legitimidade de sua própria teoria na hipótese de que existem "invariantes". É precisamente o papel do discurso estético investigar e explicitar esses elementos. Um dentre eles é que não se poderia elaborar teoria sem uma experiência prática concomitante. A reflexão sobre o teatro deve decorrer de um conhecimento da representação. Deve permitir a esta última se aperfeiçoar e renovar. Eis por que, aliás, os teóricos do século XVIII, diferentes nisso da maioria dos "doutos" do século precedente, também são dramaturgos e não param de confrontar sua reflexão teórica e sua experiência criadora. As *Conversas sobre* O filho natural e o *Discurso sobre a poesia dramática* derivam diretamente do *Filho natural* e do *Pai de família*. Já Mercier escreve seis dramas por ocasião da publicação de seu *Novo ensaio sobre a arte dramática*. Deve-se ressaltar, porém, que essa experiência é a da escrita, não da representação. Os dois dramas de Diderot não verão as luzes da ribalta senão alguns anos depois da redação dos textos teóricos que a eles se referem. As peças de Mercier só serão representadas oito anos depois do *Novo ensaio*. Somente *Eugênia* será representada em 1767, pouco antes da publicação do *Ensaio sobre o gênero dramático sério*.

Conclui-se que nossos autores têm um conhecimento vivenciado, e apaixonadamente vivido, da prática teatral de sua época. Freqüentam assiduamente as salas de teatro. Analisam longa e minuciosamente suas próprias reações como espectadores. Uma das originalidades do gênero sério será precisamente a preocupação de levar em conta as condições concretas da representação e em tirar partido de todos os recursos oferecidos pela tecnologia cênica contemporânea.

Uma pedagogia da virtude

O aristotelismo atribuía à representação uma finalidade utilitária. O efeito da *catarse* devia ajudar o espectador a controlar melhor suas paixões, portanto a realizar alguns progressos no caminho da serenidade pessoal e de uma vida social harmoniosa.

Nesse ponto, o século XVIII não se afastará sensivelmente da doutrina clássica. A finalidade do teatro não será, a seu ver, o único prazer do espectador, mas sua adesão a um sistema de valores supostamente capazes de melhorar sua sorte pessoal e o funcionamento do corpo social. O teatro, assim concebido, deve ser uma pedagogia da *virtude*. Com esse objetivo, as emoções, e sobretudo o enternecimento, vão ser sistematicamente solicitados. Estima-se que seu poder de convencimento é infinitamente superior ao da argumentação ponderada: eu me tornarei mais facilmente "virtuoso" por ver a virtude espalhar felicidade ao redor do que se me demonstrarem metodicamente sua utilidade social.

Quaisquer que sejam as opções teóricas e sua posição relativamente à tradição aristotélica, todos os autores concordarão sobre esse ponto. A arte do teatro, explica Destouches em 1732 no prefácio do *Glorioso*, deve visar colocar a "virtude sob uma luz tão bela que atraia a estima e a veneração públicas". E Voltaire, preocupado, como dissemos, em reformar a estética da tragédia clássica mais do que em demoli-la, atribui-lhe o mesmo fim:

> A verdadeira tragédia é a escola da virtude; e a única diferença entre o teatro depurado e os livros de moral está em que a instrução se encontra na tragédia inteiramente em ação. (*Discurso sobre a tragédia antiga e moderna*, 1748)

Os teóricos do drama não se distanciam dessa posição. Além disso, com Diderot, farão dela a finalidade de todas as formas teatrais. Por outro lado, expandem a própria definição dessa "virtude" que o palco deve supostamente ornar com todas as seduções. Não é mais apenas o conjunto das qualidades morais de um indivíduo, mas também todas aquelas que permitem aperfeiçoar o funcionamento da sociedade. A virtude do homem se torna a do cidadão.

Todo mundo concorda em pensar que o enternecimento, a efusão coletiva, a "lacrimogenia" (chora-se enormemente no teatro, e por ninharias, no século XVIII) têm um irresistível poder de convencimento e de conversão: eu choro diante do espetáculo da virtude (vilipendiada ou triunfante). Portanto, se já não o for, logo me tornarei um zeloso praticante dessa mesma virtude! O que o teatro deve visar, todos o dizem, é o "coração". É preciso "abri-lo suavemente", "apoderar-se dele", "tocá-lo com sensações refinadas e repetidas" (Mercier).

Esse sentimentalismo confere sua coloração própria aos gêneros novos, à comédia, tão justamente dita "lacrimejante", e ao gênero chamado "sério". Mas impregna também a tragédia voltairiana. Doravante, a teoria da *catarse* parece completamente confusa. Em contrapartida, não causa nenhuma dúvida o fato de que as emoções provocadas pela tragédia são fonte de prazer e enternecimento.

Essa convergência doutrinal de partidários de estéticas diferentes explica um dos paradoxos da vida teatral da época. Por mais caluniada que fosse, a doutrina de Aristóteles, remendada por Voltaire, fornece obras que triunfam junto ao público. Ao contrário, o drama, a despeito de sua novidade, ou talvez por causa dela, não consegue se impor senão excepcionalmente. Suas produções estão longe de arrastar um público freqüentemente reticente, irônico ou chocado diante das "audácias" de um "realismo" que zomba do *decoro*. Com freqüência, essa situação, que devia provocar efusão geral, provoca riso e sarcasmo. Enfim, as comédias, deformadas pelos hábitos e obrigações da declamação trágica, artificial e cantante, têm as maiores dificuldades para inventar um modo de representação realista adaptado à nova estética.

2. Da *bela natureza* à *natureza verdadeira*, ida e volta

A proximidade e o afastamento

A ornamentação que a pompa inerente ao gênero trágico impunha é cada vez mais percebida como um freio à efusão sentimental. Mesmo entre os defensores de uma estética neo-aristotélica, vozes cada vez mais numerosas denunciam seu irrealismo. Por exemplo, Mlle. Clairon e Lekain, que estão entre os mais ilustres intérpretes trágicos da época e que são evidentemente ligados ao gênero que lhes traz glória e fortuna, militam para que o figurino de cena se torne mais conforme à situação particular do personagem que o exibe. Andrômaca ou Electra, que são cativas, podem estar vestidas tão suntuosamente como princesas reinantes? Um imperador romano pode decentemente aparecer de peruca cacheada e elmo com penacho tríplice? É que os sentidos — tentam se convencer — são mais inclinados a se emocionar, e o coração a "se abrir", se possuem o sentimento da "verdade".

Inversamente, qualquer convenção, qualquer afastamento em relação a esse critério é denunciado como obstáculo à efusão esperada.

Essa teoria da emoção teatral apóia-se em duas categorias antitéticas e complementares: a *proximidade* e o *afastamento*. Afirma-se que a proximidade permite uma efusão afetiva imediata e intensa. O afastamento, ao contrário, a "esfria". A proximidade é no fundo a sensação de que o palco funciona como um espelho fiel da realidade mais familiar ao espectador. Assim, uma família burguesa dos anos 1760 pode ser considerada mais "próxima" do espectador do que os Átridas. Do mesmo modo, a prosa entrecortada, suspensa, da conversa cotidiana é também mais "próxima" do que a tirada e o alexandrino... Todos os teóricos do drama afirmam essa necessidade da "proximidade" entre o público (seu conhecimento, sua experiência, suas práticas, seus usos e costumes etc.) e o palco. O teatro, para Beaumarchais, deve mostrar um "acontecimento triste passado entre nós, entre os cidadãos". Mercier, ainda mais explícito (e mais declamatório):

> Sou homem, posso gritar ao poeta dramático, mostre-me o que sou!

A "proximidade" não exclui absolutamente a diversidade. Muito pelo contrário, já que com o drama as exclusões decretadas pelos aristotélicos saíram de moda. A cena do drama acolhe, e reivindica essa acolhida, representantes de todos os meios, de todos os "estados" da sociedade, diferentemente da tragédia, que, sob pretexto de magnificência, não admitia senão uma população de príncipes e de heróis. A vocação do drama é esboçar o retrato fidedigno de toda uma sociedade. Ora, a maior parte dos indivíduos que a constituem tem atividades próprias inerentes a uma situação financeira, a uma condição ou a um ofício. O palco deverá se tornar o espelho dessa diversidade. Deverá também ecoar as mil preocupações fomentadas por essas atividades, ao passo que a tragédia se limitava à esfera dos grandes interesses de Estado (a política) e/ou à das paixões pessoais (o amor, a ambição etc.).

A *proximidade* é também uma coincidência temporal entre o palco e a platéia. A estética da tragédia repousava na valorização da distância, do afastamento no tempo ou no espaço. Assegurava que a tragédia não recaísse na cotidianidade. Um rei mítico (Agamenon, Teseu), um imperador romano (Augusto, Tito), um príncipe otomano (Bajazet) são aureolados por esse prestígio conferido pelo mistério do distante. Adquirem deste uma dimensão fabulosa, que acentua a magnificência do gênero. Racine:

> Pode-se dizer que o respeito que se tem pelos heróis aumenta à medida que se afastam de nós ... A distância entre os países corrige de certo modo a grande proximidade das épocas. Pois o povo não faz diferença entre o que está, se assim ouso falar, a mil anos dele e o que está a mil léguas. (Segundo prefácio de *Bajazet*, 1676)

Os teóricos do drama adotam a posição exatamente inversa. Reivindicam a homologia dos tempos vivenciados (pelo público) e representados. O drama deve ser "um quadro do século, uma vez que os caracteres, as virtudes, os vícios são essencialmente aqueles do dia e do país" (Mercier).

Na prática, o drama, como aliás indica o qualificativo a ele aplicado ("burguês"), se concentra na célula familiar burguesa. Este é claramente o microcosmo mais familiar para os autores e para o público. O drama deve representar o(s) infortúnio(s) que ameaça(m) fraturar essa célula. Esta é a concepção de Diderot, que define o drama como "tragédia doméstica e burguesa", e de Beaumarchais, que lhe pede para esboçar a "pintura comovente de uma infelicidade doméstica". Até Mercier, que quer introduzir no palco todas as categorias sociais, considera que o pólo natural do drama é o "seio de uma família".

É que, em um século, a sociedade francesa evoluiu consideravelmente. A burguesia tomou consciência de seu peso econômico e de sua importância política diante de uma nobreza freqüentemente desdenhada. É ela que freqüenta os teatros, que discute nos salões e nos cafés, que é o fermento da vida intelectual. Os autores mais notórios se identificam com ela. Reconhecem-na como seu público natural. Essa burguesia aspira portanto a ver no teatro uma representação do mundo que corresponda a essa tomada de consciência. Ela paga pintores, como a nobreza, para pendurar "retratos de família" em suas cimalhas.

A nobreza era capaz de se identificar, e habitualmente se identificava, com o herói trágico, na medida em que este personificava valores aristocráticos de ociosidade prestigiosa, virtude guerreira, delicadeza sentimental, até de maquiavelismo político. Mas estes não são atributos que permitam à burguesia do século XVIII se reconhecer. E a comédia molieresca ou pós-molieresca, quando mostra burgueses, atribui-lhes uma imagem nada menos que lisonjeadora. Com relação à sua ascensão político-econômica, a burguesia tinha então necessidade de afirmar uma presença positiva no campo das artes representativas. O drama era o gênero novo que devia responder a essa expectativa.

Além disso, a doutrina da *bela natureza* é cada vez mais contestada, sobretudo nas obras consagradas à pintura, e isso desde os primeiros anos do século. Para o empirismo e o sensualismo que começam a prevalecer, a diversidade dos objetos que se oferecem à apreensão dos sentidos é mais interessante do que a busca de uma hipotética essência pressuposta pela estética da *bela natureza*. Essa análise vai arrastar as artes da representação no caminho de um mimetismo mais ou menos bem temperado. A perfeição, a partir daí, é definida como a confusão entre a obra e seu modelo: "As obras-primas da arte são aquelas que imitam tão bem a natureza que são confundidas com a própria natureza", proclama o padre Batteux (*As belas-artes reduzidas a um mesmo princípio*, 1747).

Ao mesmo tempo, como que espantados com sua audácia, os defensores desse "realismo", sem se alongar sobre a contradição intrínseca de seu discurso, recuam. Imitação perfeita da natureza, dizem, mas não "cópia servil"! A nuance pode escapar, se não nos reportarmos à doutrina da *bela natureza*. Para ela, a "cópia servil" é a reprodução idêntica da natureza real, concreta, plural. A imitação correta repousa na intervenção do "gosto". Ela não "fotografa" um modelo particular, mas a idéia geral à que ele remete. O talento, o gênio do artista, estará em materializar essa idéia geral de maneira que o espectador a tome "pela própria natureza". É o caminho pelo qual vai enveredar o pós-classicismo, e particularmente o gênero mais submisso ao aristotelismo, a tragédia.

Essas hesitações e essas tensões entre o respeito da herança doutrinal do século precedente e uma necessidade cada vez mais intensa de contestá-lo são características da primeira metade do século XVIII. É só depois da virada dos anos 1750 que a reflexão teórica ousa saltar o fosso e, em nome da "verdade pura", recusar em bloco essa espécie de imitação idealizante definida pela estética da *bela natureza*. É a época em que Diderot redige o verbete "Imitação" para a *Enciclopédia*:

> A natureza é sempre verdadeira; a arte portanto só corre perigo de ser falsa em sua imitação quando se afasta da natureza, ou por capricho ou por impossibilidade de se aproximar dela perto o suficiente.

Rumo a um mimetismo integral

O mimetismo, com Diderot, torna-se o único parâmetro do êxito em arte. A beleza é a semelhança perfeita. (Aliás, a verdade é que Diderot adotará posições mais nuançadas.) Esse radicalismo abala os próprios fundamentos da estética idealizante, uma vez que esta repousava no pressuposto de uma imperfeição, corrigível pela arte, encarnações circunstanciais pelas quais a natureza se manifesta aos sentidos:

> Não existe nada de imperfeito na natureza ... Só existe imperfeição na arte, porque a arte tem um modelo que subsiste na natureza ao qual podemos comparar suas produções. (verbete "Imperfeito" da *Enciclopédia*)

Eis a direção que Diderot quer imprimir à nova estética teatral.

A esse respeito, não deixa de ser significativo que *O filho natural* (1757), pirandelliano *avant la lettre*, altere a realidade e a representação teatral dessa realidade: um acontecimento, outrora, foi produzido, e é em parte representado. O lugar da ação? Aquele mesmo onde se desenrolou o "verdadeiro" drama. Os atores? Aqueles que foram os "verdadeiros" personagens desse drama e, com uma exceção ou outra, em seu próprio papel...

Em *Conversas com Dorval* (1757), cujo objeto é precisamente *O filho natural*, tampouco é sem significação o fato de Diderot opor sistematicamente "verdade" e "verossimilhança". Tomando ao pé da letra a famosa fórmula de Boileau, "o verdadeiro pode algumas vezes não ser verossímil", ele subverte radicalmente suas implicações: não é mais o "verdadeiro" que deve ser descartado quando parece inverossímil, mas o "verossímil" que se vê recusado como critério da imitação perfeita. Diderot se defende de todas as críticas de inverossimilhança passíveis de serem articuladas contra seu drama com uma referência à "verdade", a essa "realidade" que o drama se propõe representar: "É feito como aconteceu e como devia ter acontecido." E, como eco, o *Discurso sobre a poesia dramática*, no ano seguinte, proclama:

> É preciso mostrar a coisa como ela aconteceu: com isso o espetáculo não ficará senão mais verdadeiro, mais instigante e mais belo.

A *veracidade* é portanto erigida como único critério do belo. A conformidade da imagem ao modelo fundamenta a estética do drama.

Ao contrário do aristotelismo, semelhante teoria não podia deixar de fora as questões relativas à realização cênica das obras novas. Além do fato de Diderot ser um espectador apaixonado, a teoria do drama implica sua representação. A materialidade do palco supostamente confere ao texto de teatro esse peso de carne e de sangue que é apanágio da própria realidade.

Assim, Diderot apela para uma mudança radical das tradições de representação — razoavelmente esclerosadas na época, deve-se admitir. Pede a uma atriz que assuma exatamente a aparência que convém à sua personagem:

> Ah, se ela ousasse um dia se mostrar no palco com toda a nobreza e a simplicidade de composição que seus papéis pedem: e acrescentemos, diante da desordem que devem provocar acontecimento tão terrível como a morte de um esposo, a perda de um filho e outras catástrofes da cena trágica, o que seria de todas essas bonecas empoadas, frisadas, enfeitadas em torno de uma mulher descabelada? (*Discurso sobre a poesia dramática*)

A finalidade implícita do drama não é mais a participação do espectador, mas sua alucinação. Uma vez que o critério do belo teatral é a perfeição da imitação, nada comprova isso melhor do que a confusão do espectador incapaz de distinguir a ficção da realidade. É exatamente essa "perfeição" que é descrita nas *Conversas sobre* O filho natural:

> A representação da história de Dorval havia sido tão verdadeira que, esquecendo em diversas passagens que eu era espectador, e espectador ignorado, eu estivera a ponto de sair de meu lugar e acrescentar um personagem real à cena.

E, nessa parábola, o efeito de alucinação é tão intenso que se torna insustentável! A efusão lacrimal que se apodera de todos obriga a interromper a representação. Paradoxo de um teatro que morre de sua consumação!

No entanto, os teóricos franceses do gênero sério, comparados a seus confrades alemães, ingleses etc., permanecem, no final das contas, bem tímidos em seu requestionamento do aristotelismo. Limitam-se, como vimos, a pregar a abertura do campo da representação e da emoção a categorias sociais que dele eram excluídos pela estética da tragédia. Quanto a isso, um Johnson, que prefacia o teatro de Shakespeare em 1765, um Lessing, cuja *Dramaturgia de Hamburgo* é traduzida em francês em 1785, são ainda mais radicais: recusam as unidades de tempo e de lugar e não admitem senão a unidade de ação. De seu lado, Johnson se interroga sobre a questão da *verossimilhança*, observando com uma espantosa clarividência que a eficácia da representação teatral decorre de um contrato de representação tácito que compromete reciprocamente o ator e o espectador. Esse contrato impõe às partes envolvidas que façam "como se", ao passo que elas próprias sabem "do primeiro ato até o último que o palco é apenas um palco e que os atores são apenas atores". Com isso, esse contrato fundador da ilusão admite todas as convenções cênicas de que o dramaturgo pode precisar: espaço manifesto, duração *ad libitum* etc. A partir daí, todos os requisitos da *verossimilhança* se tornam caducos.

Comparativamente, as tentativas francesas parecem limitar seu esforço de renovação ao conteúdo das peças, nunca se afastando muito dos costumes dramatúrgicos impostos pelo aristotelismo. Até

Mercier, sob muitos aspectos radical em sua recusa da tradição, não contesta a unidade de lugar senão com precaução:

> Expandam seu palco, porém de modo que o ponto de vista não fuja para uma distância muito grande e que a mudança de lugar se faça apenas nos entreatos, nunca em outros momentos.

Na prática, irão se limitar a definir um perímetro da ação que permita ao mesmo tempo variar os lugares ao sabor das exigências da intriga e manter a ficção unitária. Em suma, retoma-se o partido adotado pela geração dos anos 1630, acuada entre a tradição barroquizante e os imperativos dos aristotélicos. Assim como *O Cid* se passa em Sevilha (nos apartamentos de Ximena, na sala do trono, em uma rua, na casa da Infante etc.), *O casamento de Fígaro* tem como ambiente o castelo de Águas Frescas (o quarto atribuído a Susana e Fígaro, o da Condessa, um salão solene, o parque...).[1] Quanto ao *Pai de família*, de Diderot, ao preço de algumas contorções, desenrola-se apenas no salão do Senhor de Orbesson...

As realizações que teriam ilustrado e legitimado a teoria do drama jamais se impuseram duradouramente, ao contrário do que ocorrera no caso do teatro clássico. Em 1771, *O filho natural* conhecia no Teatro Francês um fiasco do qual nunca se recuperou. Sem dúvida *O pai de família*, em 1761 e 1769, e *Eugênia*, em 1767, haviam sido bem recebidas. Mas esse sucesso não teve seqüência. Outras tentativas haviam se chocado com a hostilidade ruidosa de um público que supostamente se reconhecia nelas! Foi o caso de *O órfão inglês*, de Longueil, em 1769, da *Escola dos costumes*, de Falbaire, em 1776. Apenas as peças enfaticamente melodramáticas de Mercier conquistaram a adesão de seu público-alvo.

Ao mesmo tempo outros gêneros ou outras fórmulas se impuseram mais nitidamente: a "comédia lacrimejante" de Nivelle de La Chaussée, a tragédia voltairiana (em 1778, *Irene* foi um triunfo), até mesmo o "drama histórico" que, antes do Romantismo, proclamava a necessidade de renunciar aos adornos da Antigüidade greco-romana para montar uma História recente e próxima do público (*A excursão de caça de Henrique IV*, de Collé, em 1774).

Há numerosas razões para esse fracasso do drama. Os atores se mostravam reticentes em modificar seus hábitos de representação e em aceitar um mimetismo realista. O público permanecia, no fundo, preso às tradições herdadas do século XVII. E depois, é forçoso reconhecer, a maioria dos autores podiam ser brilhantes teóricos, porém desprovidos de gênio teatral!

Mas, acima de tudo, a experiência logo revela que a teoria do drama está viciada por uma falha interna: a impossibilidade, cênica, de cumprir as exigências de um realismo integral. O próprio Diderot (sabemos que se contradizia bastante!) se coloca, no *Discurso sobre a poesia dramática*, a seguinte questão: um estrito mimetismo é necessariamente, e, em todos os casos, "interessante", emocionante? O teatro deve transmitir a exatidão da representação antes de sua finalidade emocional? E a resposta de Diderot é, sempre, negativa! Em outras palavras, o dramaturgo, para atingir o objetivo didático ou ético da representação, se vê com a licença de se afastar dos imperativos do realismo. Por esse viés, Diderot se aproxima da tradição aristotélica que havia, aliás, feito em pedaços! A verossimilhança, novamente, deve prevalecer sobre a veracidade!

Descoberta da teatralidade

Diderot tomou consciência sobretudo de um fenômeno capital no teatro: o da "teatralidade" (o termo só surgirá dois séculos mais tarde!). Embora a representação seja constituída dos mesmos ingredientes que a vida real, ela não os utiliza da mesma maneira. E o espectador não reage da mesma maneira se estiver no teatro ou na rua. Aristóteles já assinalara: pode-se ter prazer na representação (teatral, pictórica etc.) de um objeto que, na realidade, provoca repulsa:

> Há diferenças entre a representação do teatro e a representação da sociedade. Esta se mostraria fraca demais no palco e não teria efeito algum. A outra seria dura demais com o mundo, e ofenderia. O cinismo, tão odioso, tão incômodo na sociedade, é excelente no palco.

O que equivale a dizer que o teatro é uma arte. Que, nesse aspecto, impõe à representação do real uma estilização e que o realismo integral é uma utopia ou, pior, a própria morte da representação. Aliás talvez seja este o sentido da incipiência teatral da história de Dorval: a representação se confunde a tal ponto com a realidade que deixa de ser representação!

Não obstante seu estilo inflamado e sua profissão de fé apaixonadamente realista, Mercier apresenta as mesmas objeções que Diderot: a representação deve operar uma seleção na realidade, porque um mimetismo automático não provoca necessariamente nem interesse nem emoção.

> Se a ilusão fosse inteira, perfeita e de duração contínua, deixaria de ser agradável; ... é a secreta comparação da arte rivalizando com a natureza que faz o encanto do teatro. (*Novo ensaio sobre a arte dramática*, 1773)

Mercier também declara que certas ficções que mantêm com seu modelo apenas uma relação longínqua não deixam de ser menos eficazes do ponto de vista do teatro desde que provoquem reações de enternecimento.

Assim, a reivindicação de um realismo integral é esfacelada por seus próprios promotores! É absolutamente espantoso ver que os dois teóricos do teatro que mais desejavam romper com o academicismo aristotélico, depois de terem explorado a hipótese radical de uma substituição da *bela natureza* pela *verdade*, tenham esbarrado no mesmo obstáculo. Que mesmo pretendendo se libertar dos cânones e das exigências do aristotelismo, tenham acabado por aceitar alguns de seus postulados mais fundamentais. Assim, por exemplo, nunca questionam a regra da *verossimilhança*, apresentada como única fonte da ilusão e da adesão emocional do espectador:

> Evitem oferecer uma ação que não seja verossímil, proclama Mercier. Aí está a mais difícil e mais importante regra de toda poética. Apesar do gênio do poeta, a ilusão desaparece.

Semelhante exigência desemboca evidentemente em uma relativização do realismo, ainda mais que a "verdade" mitológica ou histórica, a "verdade" cotidiana, burguesa, contemporânea pode não ser verossímil! É que, no espírito de seus zeladores, o realismo não constituía um fim em si, mas um instrumento de edificação, o fundamento ético do teatro. O drama não tem como único objetivo, lembremos, mostrar o mundo real. Mas, através de uma tal representação, enternecer o espectador e convertê-lo à virtude. A partir daí, os teóricos desse gênero novo esbarravam exatamente na mesma dificuldade que os discípulos de Aristóteles. O inverossímil era prejudicial à adesão afetiva do espectador, condição *sine qua non* da catarse. Também não seria capaz de levar, pela efusão, ao culto e à prática da Virtude.

A estética e a moral

Essa conjunção da estética e da moral — melhor, do moralismo — que rege a elaboração de um modelo teórico do teatro ao longo de todo o século XVIII é esclarecida pelo contexto ideológico no qual toma lugar.

A partir de meados do século, em toda a Europa, teólogos fulminam o anátema. O teatro é um lugar de corrupção, dizem eles. O espectador, que ali vai voluntariamente (!), se coloca em uma situação de pecado grave. O ator, esse tentador, esse professor de devassidão, está e deve permanecer excomungado. E se a sociedade se livrasse de arte tão suspeita, Deus só poderia aprová-la com louvor! A ordem e a harmonia reinariam. Os súditos respeitariam, sem tentações perniciosas, os valores e a hierarquia estabelecidos e o duplo poder da monarquia e da religião...

Os filósofos não subestimam o perigo. Defendem, é claro, o teatro. Com isso, a polêmica se torna pública. Para enfrentar seus adversários carolas, Voltaire, Diderot, Mercier e outros se empenham em demonstrar não apenas a inocuidade do teatro, mas sua utilidade para o que diz respeito à educação e aperfeiçoamento das massas. O riso permite desmistificar a impostura, acabar com a inautenticidade. A catarse, está-se convencido disso, "purga" a alma de suas paixões mais temíveis. Enfim, ao representar o vício em toda sua perfídia sob as cores mais ridículas, o teatro só contribuiria para o aperfeiçoamento dos indivíduos e da sociedade...

A despeito de seus vínculos com o clã dos Filósofos, Rousseau se incendeia e espicaça o teatro. Em 1757, d'Alembert, no verbete "Genebra" que redige para a *Enciclopédia*, lamenta que as autoridades dessa metrópole tenham banido o teatro. Uma legislação apropriada, diz, e uma vigilância *ad hoc* permitiriam aos genebrinos extrair dele, sem o menor risco, os benefícios morais de costume:

> As representações teatrais formariam o gosto dos cidadãos e lhes dariam uma fineza de tato, uma delicadeza de sentimento que é muito difícil adquirir sem esse socorro.

Rousseau, em sua *Carta a d'Alembert sobre os espetáculos*, vai na contracorrente dessa argumentação. A piedade suscitada pela representação teatral é "uma emoção passageira e vã, que não dura mais que a ilusão por ela produzida". Não tem incidência alguma sobre o comportamento dos indivíduos na vida real, e aquele que chora pelo infortúnio de Andrômaca ou Eugênia não deixará por isso de perseguir o fraco e o inocente. E muito mais: o teatro lhe propicia a consciência limpa. Ele se comove, enternece, verte lágrimas... Prova, não é mesmo?, de que é sensível e generoso!

> No fundo, quando um homem vai admirar belas ações nas fábulas e chorar desgraças imaginárias, o que mais se pode exigir dele? Não está ele contente consigo mesmo? Não aplaude a si mesmo por sua bela alma? Não está quite com tudo o que deve à virtude pela homenagem que acaba de lhe prestar? Ele não tem papel a representar: ele não é ator. (*Carta a d'Alembert sobre os espetáculos*, 1758)

O teatro, garantem, desviaria dos efeitos perniciosos das paixões e da primeira de todas: o amor. Ao contrário, diz Rousseau: o teatro o pinta sob as cores mais ridículas ou mais comoventes. Como não sonhar em ser, por sua vez, sua afortunada vítima?

> Diz-se, à revelia de si próprio, que um sentimento tão delicioso consola de tudo. Uma imagem tão doce amolece insensivelmente o coração: fica-se tomado de paixão pelo que leva ao prazer; abandona-se o que atormenta. Ninguém se crê obrigado a ser um herói; e é assim que, ao admirar o amor honesto, entregamo-nos ao amor criminoso. (*Carta a d'Alembert*)

Esse debate provavelmente não teve incidência direta na prática teatral da época. Mas vai dar outra direção duradoura à reflexão teórica ao impulsionar a elaboração de um modelo utilitarista que repercutirá no século XIX com o teatro "de tese" de um Dumas filho, por exemplo. Pois, para responder aos argumentos de Rousseau que não deixam de ter pertinência, os defensores do teatro devem valorizar sua utilidade social e sua ética. Para desqualificar as condenações que pesam sobre ele, proclamam-se com exagero suas eminentes capacidades formadoras. O teatro seria a escola de todas as virtudes. Familiares, sociais, políticas... Ele deve se tornar uma tribuna. Quem sabe um tribunal! Deve tornar-se o recinto onde serão desmascarados e denunciados os abusos do poder. Interrogada a legitimidade das tradições, dos costumes, das leis. Interpelado pelo palco, o espectador se verá irresistivelmente arrastado a tomar as rédeas de seu destino e do da coletividade...

3. O teatro, escola de civismo?

Esse didatismo imponente constitui provavelmente o entrave diante do qual fracassou a maior parte dos dramas criados pelo século XVIII. Mas foi ao mesmo tempo a abertura pela qual a teoria do drama teve acesso à modernidade. Pois a definição dessa "virtude" que o gênero novo deve ensinar e fazer amar extrapola o campo da moral privada. De acordo com uma idéia-mestra do Iluminismo, a virtude também deve assegurar seu domínio sobre a vida social e sobre o exercício do poder. Ela não é exclusivamente moral. É também política. Em seu estilo inimitável Mercier coloca o teatro do futuro ao mesmo tempo sob o patrocínio de Tália, "arrancando do vício a máscara que o cobria", e de Melpômeno, "abrindo o flanco de um tirano e expondo aos olhos de todos seu coração devorado por serpentes" (*O ano 2440*).

E é ao mesmo Mercier que se deve a seguinte idéia, que vai governar todo o pensamento do teatro popular tal como será formulado no século XX, de Romain Rolland a Jean Vilar: na platéia reúnem-se "todas as ordens de cidadãos", e, durante a representação, os antagonismos sociopolíticos se diluem em uma efusão coletiva. Com isso o teatro será o único lugar onde a Nação poderá tomar consciência de si mesma, onde, deixados de lado os interesses privados e individuais, uma coletividade poderá refletir nos problemas que lhe dizem respeito. Eis por que Mercier, decididamente profético, sonha com espaços mais bem adaptados do que a tradicional "caixa" à italiana a essa função propriamente física que atribuirá à representação:

> Aumentem essa sala mesquinha, dobrem o número de bancadas, abram as antecenas; que a multidão entre em massa e lote esses camarotes!

A tragédia também nutria a ambição de fazer os espectadores participarem dos "grandes interesses de Estado". Mas — e é justamente por isso que Mercier combate tão vigorosamente sua estética e sua ideologia — difundia um conjunto de dogmas incompatíveis com o espírito cívico, aquele da *fatalidade* que impede a mobilização de qualquer vontade de reforma, o da *desigualdade dos homens*, o da *sacralidade dos reis*... O drama deverá ir na contracorrente da ideologia. Incitará o povo a tomar as rédeas de seu destino, a reivindicar o "restabelecimento da igualdade natural", a "odiar ao mesmo tempo o governo absolutista", a fazer pressão sobre o poder para que tome o caminho da virtude e impeça o do despotismo. Como vemos, o drama segundo Mercier abre para si um campo que extrapola singularmente aquele do infortúnio familiar que Diderot lhe atribuía:

> A tragédia verdadeira será aquela que será entendida e apreendida por todas as ordens de cidadãos, que terá uma relação íntima com os negócios políticos, que, servindo de tribuna para as polêmicas, esclarecerá o povo sobre seus verdadeiros interesses, os exibirá sob traços atraentes, exaltará em seu coração um patriotismo esclarecido, lhe fará amar a pátria cujas utilidades ele perceberá. (*Novo ensaio sobre a arte dramática*)

O teatro segundo Mercier deveria permitir denunciar a obsolescência das leis ou sua iniqüidade, mostrar o caminho e os benefícios de sua reforma. Em outras palavras, o guardião do realismo se faz apologista da ficção menos realista possível, a da utopia. O teatro não mostra mais aquilo que é. Mas o que deveria ser.

4. O ator teorizado

Os "doutos", no século XVII, influenciados pela indiferença desdenhosa de Aristóteles em relação à representação, se interessaram pouco pela arte do ator. E o fato de este ter sido excomungado pela Igreja evidentemente não favorecia seu acesso à dignidade de objeto de uma reflexão teórica!

Ao contrário, um Diderot recusa-se a separar escrita e representação. Sua sensibilidade pessoal e sua experiência como espectador lhe mostrariam que o ator é o próprio coração da encarnação teatral, o núcleo desse fenômeno. Compõe o *Paradoxo sobre o ator* entre 1769 e 1773, ou seja, entre dez e quinze anos depois do *Discurso sobre a poesia dramática*. A evolução é impressionante. Diderot queima no *Paradoxo* o que havia adorado no *Discurso*. Em particular, sua teoria da representação realista. No *Discurso*, o palco se torna o espaço de um estrito mimetismo:

> É preciso mostrar a coisa como ela aconteceu: com isso o espetáculo não ficará senão mais verdadeiro, mais instigante, e mais belo.

Com o *Paradoxo*, Diderot volta à necessidade de uma transposição, de uma estilização, e, ao fazê-lo, aproxima-se das práticas de idealização que regem a estética da *bela natureza*. Constata efetivamente que a "verdade" do teatro não é rigorosamente superposta à "verdade" da realidade:

> Reflitam um momento sobre o que se chama no teatro *ser verdadeiro*. Será isso mostrar as coisas como são na natureza? Absolutamente. O verdadeiro nesse sentido seria meramente o comum. O que é então a verdade do palco? É a conformidade das ações, dos discursos, da figura, da voz, do movimento, do gesto, a um modelo ideal imaginado pelo poeta e com freqüência exagerado pelo ator.

Sua convivência com Mme. Riccoboni, atriz medíocre mas inteligência sutil, sua reflexão sobre a pintura (sobretudo no momento do *Salão* de 1767) esclarecem essa conversão. Diderot, finalmente, se detém em uma solução de compromisso: reconhece em substância que o artista tem a liberdade, talvez o dever, de atingir uma representação ideal que reunirá elementos que são encontrados apenas esparsamente na realidade. Mas para que essa representação se torne emocionante, é preciso que seu objeto seja reconhecível, que sua idealização artística não impeça de sentir sua proximidade. Eis por que o artista deve ornar seu trabalho com alguns traços de realismo. É bom que o retratista pinte "uma ligeira cicatriz na fronte" ou "um corte imperceptível no lábio inferior".

A ocasião de aplicar ao teatro — e, mais precisamente, à direção do ator — sua nova teoria da representação lhe é fornecida por Grimm, que, em 1769, lhe propõe fazer, para a *Correspondance Littéraire*, um estudo sobre Garrick e os atores ingleses, cuja arte é mais compassada que a dos franceses. A partir de suas reflexões sobre esse estudo, Diderot irá elaborar diversas versões do *Paradoxo* durante aproximadamente nove anos.

A paixão e a frieza

A tese de Diderot é que o ator representa o personagem que tem a encarnar segundo um processo comparável àquele que põe em prática os artistas plásticos que aderem à estética idealizante da *bela natureza*. Essa encarnação é aperfeiçoada em três etapas:

1. o ator observa a realidade que o cerca. Faz-se "espectador assíduo do que se passa em torno dele no mundo físico e no mundo moral". Estuda os comportamentos de seus semelhantes, as características físicas ligadas a um problema ou a um vício...
2. a partir dessas observações, ele compõe um catálogo de informações que poderá em seguida combinar livremente ao sabor das necessidades de seu papel. Fará disso um primeiro esboço de seu personagem e se esforçará por lhe conferir uma unidade, uma coerência que subsuma os modelos fragmentários oferecidos pela realidade. Esta é no fundo a estrutura a partir da qual
3. ele interpreta, a cada noite, seu personagem.

Diderot acha então que o processo interpretativo é análogo ao processo criativo do dramaturgo tal como havia sido codificado pelos cânones do classicismo:

> O funcionário Billard é um tartufo, o padre Grizel é um tartufo, mas não é o Tartufo. O financista Toinard é um avarento, mas não é o Avarento. O Avarento e o Tartufo foram feitos a partir de todos os Toinards e Grizels do mundo; são suas características mais genéricas e mais marcantes, mas não constituem o retrato exato de nenhum deles; do mesmo modo, ninguém neles se reconhece.

O ator deve então tirar partido de uma situação complexa: deve observar o homem "da natureza" que é "menor" do que sua representação, do que sua transformação, pelo dramaturgo, em "homem do poeta". Ao mesmo tempo, deve se impregnar deste último de maneira a elaborar sua interpretação. Este será "o homem do ator", que é "o mais exagerado de todos". O trabalho do ator, tal como o analisa Diderot, repousa em suma sobre três processos postos em prática sucessivamente: a *observação*, a *abstração* e a *amplificação*.

Essa elaboração requer do ator uma organização interna, um trabalho, imperceptível ao espectador, que pouco a pouco desenha os contornos de um modelo ideal do personagem, "o mais ambicioso, o maior, o mais perfeito que lhe seja possível". A interpretação propriamente dita consistirá na atualização cênica desse modelo ao sabor das exigências da representação. Um trabalho, em suma, semelhante àquele de um pintor que esboçaria de memória o retrato de uma figura que teria sido, previamente, cuidadosamente estudada.

Diderot toma como referência a arte de Mlle. Clairon: o trabalho analítico, cerebral que ela desempenha em seu papel ilustra o "método" que se empenha em descrever. É ele, salienta, que permite à ilustre tragediógrafa alcançar um soberano domínio de sua arte. Ele a coloca em condições, de fato, de reproduzir da mesma maneira, durante cada representação, e de um extremo a outro de cada uma delas, o personagem por ela encarnado:

> Tudo terá sido avaliado, combinado, aprendido, organizado em sua cabeça; não haverá em sua declamação nem monotonia nem dissonân-

cia. O calor terá seu progresso, seus impulsos, suas referências, seu começo, seu meio, seu extremo. Serão os mesmos acentos, as mesmas posições, os mesmos movimentos.

A Clairon, Diderot opõe Marie Dumesnil. Dumesnil pertence, para ele, a essa família de atores que representam por instinto, sensibilidade, gênio. O que torna sua arte fragmentária. São incapazes de encarnar um personagem ao longo da representação ou de uma representação para outra. Só conseguem oferecer belos "momentos".

> Não espere nenhuma unidade por parte deles; seu desempenho é alternadamente forte e fraco, quente e frio, superficial e sublime.

O "método" que Diderot preconiza é também um aprendizado do autocontrole. Uma gestão da sensibilidade. Supõe que o ator lance um olhar frio simultaneamente ao mundo por ele observado — aos "objetos" que alimentarão sua interpretação — e sobre si mesmo, na medida em que deve verificar a cada instante a eficácia e a correção de sua representação. Esse olhar frio lhe permite "representar com a reflexão" onde o "ator de natureza" só representava "com alma". Ao atingir o ápice de sua arte, ele se tornará um "ator imitador".

Levando ao extremo a lógica de seu ponto de vista, Diderot chega a proclamar a incompatibilidade da "sensibilidade" com a arte do grande ator:

> É a falta absoluta de sensibilidade que prepara os atores sublimes.

Mas a sensibilidade pode ser governada, a frieza interior aprendida e o "método" de Diderot instaurar as bases indispensáveis. De modo que o *Paradoxo* contradiz rigorosamente o "confusionismo" outrora reivindicado pelo teórico do "gênero sério". Então, a "imitação perfeita" resultava em uma diluição do teatro na realidade que ele mimetizava. Ao contrário, o "ator imitador" precisa conservar permanentemente a consciência de uma dualidade separando a ficção de seu modelo:

> Mais uma vez, seja isso um bem ou um mal, o ator nada diz, nada faz na sociedade precisamente como no palco; este é um outro mundo.

E caso se esquecesse delas, as leis do teatro fariam com que delas se lembrasse! Pois Diderot agora reconhece (suas discussões com Mme. Riccoboni provavelmente favoreceram essa tomada de consciência) que o simples mimetismo é ineficaz no teatro. Que a imitação é, na verdade, uma estilização:

> Leve ao teatro seu tom familiar, sua expressão simples, sua rotina doméstica, seu gesto natural, e irá ver o quão será pobre e fraco.

Essa teoria do ator comprova uma conversão radical. No fundo, torna a estética do drama e a utopia realista que a governava completamente obsoletas. Pois, o que então Diderot negava, ele o reconhece agora como o próprio fundamento da arte do teatro: a verdade que a Natureza permite apreender pelos sentidos não pode ser transposta tal e qual para o lugar de sua representação. O "gênero sério" não seria capaz de reproduzir a realidade contemporânea sem se curvar às leis cênicas que fazem da imitação uma transposição. Essas leis são determinadas pelas condições materiais da representação, pelas "proporções do auditório e do espaço". Para imitar de maneira convincente um modelo, para "fornecer" um personagem, o ator deverá reinventar seus gestos, conferindo-lhes uma amplitude e uma singularidade que não teriam tido na realidade. Deverá apoiar, de maneira expressiva, as inflexões de seu discurso como não o faria na cidade, sob risco de parecer afetado; controlar olhares que normalmente deixaria flutuar para enfeitá-los com fogo e expressividade...

Um contrato de representação

Em que consiste o fenômeno teatral assim descrito? Uma espécie de representação que vincula, por um contrato tácito, os participantes dos dois campos, os espectadores e os atores, uns e outros aceitando serem momentaneamente iludidos por uma ficção que no fundo sabem que não é ficção:

> O grande ator nos aterroriza assim como as crianças se aterrorizam umas às outras ao colocarem seus pequenos e curtos gibões acima de suas cabeças, ao agitarem e imitarem o melhor que podem a voz rouca

> e lúgubre de um fantasma que elas arremedam. Mas, por acaso, não teriam vocês visto brincadeiras de crianças retratadas? Não teriam visto um pirralho que avança sob uma máscara hedionda de um velho que o esconde da cabeça aos pés? Sob essa máscara, ele ri de seus coleguinhas que o terror afugenta. Esse pirralho é o verdadeiro símbolo do ator; seus colegas são o símbolo do espectador.

Portanto acabou aquela concepção ingênua do ator que supostamente deveria, para sua encarnação ter êxito, se dissolver em seu personagem fazendo de ambos um só. O "pirralho" que ri "sob uma máscara hedionda" é o ator que sabe claramente que não é ele quem representa no momento em que esse personagem mexe com o público!

A problemática de Diderot não é mais, com o *Paradoxo*, a *imitação*, mas a *ilusão*. A arte do teatro tem como objetivo fomentar uma mistificação cuja vítima consentida será o espectador. Tudo aí é artifício e matéria de sonho. A tela pintada torna-se coluna de mármore ou floresta encantada. "A pequena Clairon" se torna a "grande Agripina".[2] O ator "não é o personagem, ele o representa e o representa tão bem que é tomado como tal". E esclarece: "A ilusão é só para vocês; ele sabe muito bem que não é o personagem."

Leituras Recomendadas

BEAUMARCHAIS, Pierre Caron de. *Essai sur le genre dramatique sérieux*, in *Oeuvres complètes*, org. P. Larthomas, Paris, Gallimard, Bibliothèque de la Pléiade, 1988.

DIDEROT, Denis. *Entretiens sur* Le fils naturel, in *Oeuvres complètes*, tomo III, org. R. Lewinter, Paris, Club Français du Livre, 1969-70.

LIOURE, Michel, *Le Drame*, Paris, Armand Colin, col. U, 1963.

ROUSSEAU, Jean-Jacques, *Lettre sur les spectacles*, org. M. Fuchs, Genebra, Droz, 1948.

III. O Princípio de Realidade

1. O artista face à história

Nada se compreenderia da intensidade dos debates que rodeiam o nascimento da teoria romântica do teatro se deixássemos de relacioná-los a certo número de dados sociopolíticos. O mais importante é a memória da Revolução e do Império. Ela obceca alguns como um pesadelo dissipado mas que pode retornar caso não se tome cuidado; outros, como uma utopia que esteve a ponto de se realizar e cuja chama é preciso preservar...

A expansão do campo histórico

Todos os intelectuais europeus ficaram fascinados pela Revolução. Foi o caso de Kant já idoso, de Goethe ou de Schelling ainda estudante, na Alemanha; de Byron, Shelley e Blake na Inglaterra...

Seus sobressaltos, o Terror, a instauração do regime imperial, as guerras expansionistas empreendidas em nome do ideal revolucionário — tudo isso assinalava, aos olhos dos estrangeiros mais bem-dispostos, um fracasso patente em relação aos ideais de Justiça e de Liberdade que tinham sido os primeiros motores da Revolução. O sonho de Justiça acarretara as condenações expeditivas do Terror. Em nome da Liberdade, um certo número de países da Europa foi colocado sob tutela e explorado. Daí um requestionamento global da filosofia e da estética do Iluminismo francês, no qual se vê a fonte desses desvios e dessas perversões.

Na França, bem ao contrário, o positivismo, o racionalismo e o empirismo, que eram as três tendências dominantes do Iluminismo, continuam a ser difundidos pela escola. Seus mais ilustres porta-vozes, Voltaire, Diderot, Rousseau etc., são reeditados inúmeras vezes.

Sós, evidentemente, os pensadores da emigração imputarão aos filósofos, a seus escritos e às suas ações a responsabilidade pela queda da Monarquia e pelo "desastre" revolucionário.

A História, de outro lado, conhece, entre 1820 e 1830, um sucesso crescente junto ao público. Comprovam isso a abundância das publicações nesse domínio e a notoriedade de historiadores notáveis (Villemain, Thierry, Barante...). Essa paixão pode ser explicada pelo abalo ideológico consecutivo à Revolução, pelos acontecimentos propriamente impensáveis que gerou. A aceleração do tempo e as reviravoltas sociopolíticas vividas fazem com que se recorra à História a fim de obter chaves para compreender o passado recente ou o presente. Além disso, o indivíduo comum acaba de descobrir que não é mais apenas o espectador de uma História representada, em um palco distante, entre soberanos e grandes senhores feudais. Agora, *nolens volens*, ele se descobre ator! Um rei, ungido pelo Senhor, foi condenado pelos representantes do povo e executado em público. Um advogado de província instala o Terror. Um soldado de ofício, estrategista genial, impôs seu império à metade da Europa graças a um destacamento de generais oriundos do povo... Havia seguramente algo de vertiginoso em constatar que, prestando-se a isso as circunstâncias e as capacidades individuais, nenhum destino era mais previsível; que a situação do mais obscuro podia, a qualquer instante, ser arrastada pelo turbilhão dos acontecimentos e iluminada pelos fogos da ribalta política.

O próprio campo da historiografia vai se transformar e se expandir em função dessa tomada de consciência.

Descobre-se que cada época tem sua especificidade. A tarefa do historiador não é mais apenas explicá-la, mas "reconstituí-la" de maneira a devolvê-la como palpável para o leitor. Valorização das diferenças, exposição das singularidades, de uma "cor local"... O teatro logo encontrará argumentos e material para sua mutação. Barante:

> Todos querem conhecer como era antes de nós a vida dos povos e dos indivíduos. Exigem que sejam evocados e trazidos vivos a nossos olhos: cada um fará depois o juízo que lhe aprouver.

A estética romântica é indissociável desse clima e dessa paixão pela História. Todas as artes são levadas por essa vaga, como observa

Chateaubriand: "Tudo assume hoje a forma da história: polêmica, teatro, romance, poesia." (*Estudos e discursos históricos*, 1826)

O romance é de fato dominado por Walter Scott e suas evocações da história inglesa (*Ivanhoé*, *Quentin Durward*, *Os puritanos da Escócia*...). Os títulos mais notáveis nos anos 1825 dão destaque a essa conjunção do romanesco e da História: *Cinco de março*, de Vigny (1825), as *Crônicas do reino de Carlos IX*, de Mérimée (1828), *Notre-Dame de Paris*, de Hugo (1831). Não é casual que sejam quase os mesmos períodos de tensões sociais e políticas (opondo o Povo à Igreja, a Igreja à Monarquia, a Monarquia e os feudais...) que atraem historiadores e romancistas.

O teatro não podia ficar muito tempo indiferente a essa moda. Ainda mais que os historiadores contemporâneos não param de se referir a essa arte, vendo nos episódios agitados com que lidam ações igualmente dramáticas. A vida de Cromwell é, segundo Villemain, "um grande espetáculo". Para Augustin Thierry, a conquista da Inglaterra pelos normandos foi "um grande drama que teve como teatro a ilha da Bretanha". Finalmente, aos olhos de Victor Cousin, é toda a vida da humanidade que se encadeia, segundo uma lógica teatral, como uma sucessão de "dramas"... Guizot não julgará indigno contribuir para a difusão do teatro de Shakespeare ao participar da reedição de 1821.

Já os dramaturgos não deixam de seguir de perto os trabalhos dos historiadores. Stendhal, então, hesita sobre sua vocação: será historiador? Ou autor de teatro?

As condições parecem então reunidas para que o pano se abra, na França, sobre um grande teatro histórico. Surge porém um obstáculo: o *neoclassicismo*, que acabou não sendo abalado nem pela teoria do "gênero sério", nem pelas mutações da época revolucionária. Melhor que isso, ele havia sido amparado pelo Império, que via nele uma estética pomposa e tranqüilizadora devido à sua nostalgia do fausto do Antigo Regime.

O realismo contra os costumes

A teoria romântica do teatro retoma por sua conta a aspiração ao realismo do século precedente ou do romance contemporâneo. Sabemos que o romancista definido por Stendhal tem como objetivo pintar "os costumes atuais, assim como são há dois ou três anos" (o que será *Armance*), apresentar "uma pintura da França tal como é em 1830" (*O vermelho e o negro*). É a famosa metáfora do espelho: "Um romance é um espelho que desfila ao longo de um caminho."

Essa aspiração ao realismo aproxima teóricos e criadores de todas as colorações políticas. Stendhal é liberal. Mas Hugo, por ora monarquista, reivindica a mesma exatidão mimética. E é através desse prisma que é avaliada e rejeitada uma estética neoclássica que faz prevalecer o reino das convenções sobre o império da verdade.

O famoso Prefácio de *Cromwell* publicado por Hugo em 1827 é um retumbante manifesto por uma nova dramaturgia. E o realismo deve ser sua pedra angular.

Mas essa petição de princípio, proclamada com um vigor e uma arrogância bastante polêmicas vai rapidamente se chocar com a vida cotidiana dos teatros. Ela perturbará os hábitos de um público que permanecia impregnado de uma cultura aristotélica, do respeito frio das regras e do decoro. Ela irritava atores pouco inclinados a voltar a questionar modos de interpretação recusados pela nova estética.

Abaixo as regras!

A reflexão de Schlegel é importante menos porque contesta o aristotelismo neoclássico do que porque denuncia sua pretensão a se erigir em estética universal. Schlegel observa que aquele que traz verdadeiramente algo de novo em arte não é o dócil imitador dos Antigos ou dos ancestrais, mas o homem de exceção, o "gênio" (Homero, Dante, Tasso...) que submete os costumes e as tradições herdadas às exigências da invenção individual.

> A pura imitação permanece sempre estéril nas belas-artes; o que pegamos emprestado de fora deve, por assim dizer, ser regenerado em nós, para renascer sob uma forma poética ... O homem não pode dar a seus semelhantes nada a não ser ele mesmo. (*Curso de literatura dramática*, 1813)

Cabe a cada criador elaborar uma estética que convenha a seu projeto e à sua visão de mundo! Nada o obriga a aceitar os dogmas obsoletos formulados por uma geração anterior. Esse culto da individualidade criadora e essa celebração do "gênio" chocam fortemente os espíritos. Doravante é assim que se deve representar Shakespeare (um gênio em liberdade) ou Corneille (um gênio emparedado na mesquinharia tacanha da ortodoxia regular). Pela primeira vez, na história do teatro francês, uma teoria se impõe afirmando a soberania do criador e a inutilidade de qualquer dogmatismo doutrinal.

Os defensores do aristotelismo neoclássico tentam se defender dessas estocadas. Lembram que as regras não são entraves arbitrários, mas normas extraídas da reflexão, do bom senso e da experiência. São destinadas a facilitar o êxito do dramaturgo. Sublinham por outro lado, que não existe antagonismo entre as regras e o gênio. Peças medíocres não provam a ineficácia das regras, mas a mediocridade de seus autores!

A geração de 1820 se enfia pela brecha assim aberta. Por sua vez, repele a arbitrariedade das regras. Stendhal:

> Se Aristóteles ou o abade d'Aubignac tivessem imposto à tragédia francesa a regra de só fazer falar seus personagens através de monossílabos, se qualquer palavra com mais de uma sílaba fosse banida do teatro francês e do estilo poético ... as tragédias feitas por homens de gênio ainda assim agradariam. (*Racine e Shakespeare*, segunda versão, 1825)

Outra novidade: os dramaturgos se interessam agora de muito perto pela materialização cênica de suas obras. Hugo dirige [*met en scène*] (a expressão, que terá futuro, é recentíssima e ainda bastante criticada como jargão inútil) *Marion Delorme* em 1831 ou *Ruy Blas* em 1838. Dá as indicações mais precisas a seu cenógrafo (Ciceri) ou a seu figurinista (Boulanger). E Vigny, que mesmo afetando um certo desdém pelas coisas do palco, dirige a criação no Teatro Francês de sua adaptação de *Otelo* (*O mouro de Veneza*, 1829). Há portanto um vaivém constante entre a teoria e a prática, que, por exemplo, o Prefácio de *Cromwell* já ecoava. Empirismo e individualismo se tornam os dois pilares da dramaturgia romântica.

Essa situação explica por que a teoria romântica do teatro se desenvolve em um clima polêmico. Elabora imediatamente um corpo de doutrina, uma vez que proclama a soberania de cada criador e sua autonomia face aos problemas a serem resolvidos. Os partidários do neoclassicismo são submetidos a um tiroteio. Mercenários, inquisidores, segundo Stendhal (*Racine e Shakespeare*, primeira versão, 1823). "Aduaneiros do pensamento", para Hugo (Prefácio de *Cromwell*). Sufocam qualquer imaginação poderosa. Pervertem o gosto do público. Hugo:

> Esfacelemos as teorias, as poéticas e os sistemas. Quebremos esse gesso que mascara a fachada da arte! Não existem regras nem modelos. (Prefácio de *Cromwell*)

No entanto, os românticos que se empenham em guerrear o academicismo dominante não podiam ir ao fundo de sua lógica. Pois, se não existe outra regra senão aquela que o gênio estabelece para si mesmo, qualquer iniciativa de teorização é, de imediato, tachada de inócua. Mas a polêmica manda! A despeito da contradição, um Hugo não resistirá à necessidade de elaborar um modelo, um corpo de doutrina. Esse projeto teórico é formulado nas críticas dramáticas de 1820, nos prefácios dos dramas, e até no tardio *William Shakespeare* de 1864.

Mesmo assim algumas precauções são tomadas! Exclui-se de imediato todo dogmatismo, toda generalização da experiência individual. É a posição vigorosamente afirmada por Vigny (*Carta a Lord* ***, 1829) e por Hugo no Prefácio de *Cromwell*.

> O que ele [o autor do Prefácio de *Cromwell*] defendeu, ao contrário, é a liberdade da arte contra o despotismo dos sistemas, dos códigos e das regras. Ele tem por hábito seguir aleatoriamente o que considera sua inspiração e mudar muitas vezes tanto a forma quanto a composição. Nas artes, é do dogmatismo que ele foge acima de tudo.

O critério de avaliação de uma obra não poderia portanto estar mais em conformidade com uma estética preestabelecida, mas com um projeto inovador. A originalidade substitui assim, como pedra angular do juízo, a idéia de perfeição ou de beleza que orientava a crítica clássica e neoclássica. Simultaneamente, a banalidade e a imitação são desvalorizadas. Elas assinalam a mediocridade ou a impotência criadora.

A arte nova será histórica

Se os componentes históricos são determinantes na evolução dos gostos e das artes, a pretensão à atemporalidade ou à eternidade se torna absurda. Só podem esperar alcançar esse status, a exemplo de Ésquilo ou de Shakespeare, os dramaturgos que terão criado primeiramente para seus contemporâneos. Nesse sentido, a teoria romântica do teatro é uma proclamação de modernidade. Mme. de Staël, em *Sobre a Alemanha* (1813), afirmava que tempos novos haviam começado com o século novo e que, para um público que vivera a epopéia da Revolução e do Império, era preciso um teatro inteiramente novo. Essa necessidade de articular intimamente a criação teatral e as aspirações dos contemporâneos será constantemente reafirmada por Stendhal:

> Nada se assemelha menos a nós que os marqueses cobertos de roupas bordadas e pequenas perucas pretas, que custam mil escudos, que julgaram, por volta de 1670, as peças de Racine e de Molière. Estes grandes homens buscaram lisonjear o gosto desses marqueses, e trabalharam para eles. Sustento que doravante é preciso fazer tragédias para nós, jovens pensadores, sérios e algo invejosos, do ano da graça de 1823.

Assim como o prefácio de *Racine e Shakespeare*...

Stendhal mostra-se aliás totalmente fiel à sua estética do prazer. Se se quer um teatro que seja fonte de prazer, é preciso que esse teatro corresponda à sensibilidade e às aspirações de seu público. Não as das gerações precedentes. Também Hugo, em seus prefácios, destacará o elo que existe entre seu empreendimento teatral e o público de sua época. A missão que se atribui é cumprir "uma tarefa imensa como exige a do teatro no século XIX". (Prefácio de *Ângelo*, 1835).

Na linha direta dessa afirmação, define-se um sistema de valores que se opõe radicalmente ao dos neoclássicos. Estes permaneciam fiéis à imitação dos Antigos ou dos modelos prestigiosos da idade clássica, uma vez que acreditavam na perenidade de regras atemporais. Os românticos, ao contrário, proclamam a ruptura com o passado. Toda criação deve ser uma inovação, e é na inovação que o gênio criador desabrocha melhor. É por meio disso que se faz inventor de uma estética. Hugo fará da antítese *invenção-imitação* uma categoria capital de sua teoria. A imitação, afirma, é o "flagelo das artes". Deve absolutamente ser proscrita. E, lógico, Hugo adverte o romântico que pensa em imitar... um outro romântico. Ao agir assim trairia sua própria causa, ou revelaria que não compreendeu nada!

> Aquele que imita um poeta romântico torna-se necessariamente um clássico, na medida em que imita. (Prefácio às *Odes e baladas*, 1826)

A advertência, naturalmente, dirige-se também aos autores dramáticos. Hugo a formula desde o Prefácio de *Cromwell*: "Que o poeta evite sobretudo copiar o que quer que seja, tanto Shakespeare como Molière, tanto Schiller como Corneille."

O historicismo cultivado pela geração de 1820 lhe fornece a argumentação necessária para desqualificar a pretensão dos neoclássicos de dominar o campo estético. Sua doutrina, velha de dois séculos, era sobredeterminada pelo sistema ideológico que então prevalecia. Mas como admitir hoje regras que refletem o formalismo da vida de corte sob Luís XIV? A Revolução pulverizou a ideologia que lhe daria sentido. E, através justamente disso, também o modelo dramatúrgico que era seu eco. Stendhal:

> Quanto a mim — confesso, me dizia um jovem coronel — parece-me, desde a campanha de Moscou, que *Ifigênia em Áulis* não é mais uma tragédia tão bela. Acho esse Aquiles um pouco ingênuo e um pouco fraco. Sinto uma inclinação oposta pelo *Macbeth* de Shakespeare. (*Vidas de Haydn, Mozart e Metastásio*, 1815)

2. Por uma "representação verídica da história"

A história para dominar o presente

Antes da Revolução, o "gênero sério" havia pretendido fazer da cotidianidade burguesa a própria matéria-prima da ação teatral e da célula familiar, o espaço da representação. Já a geração romântica quer encenar um passado mais ou menos próximo no qual destinos individuais e convulsões políticas estão estreitamente imbricados.

Schlegel, aliás, desde 1808 convidava os dramaturgos a utilizar a história de seu país como matéria-prima (praticamente inesgotável) de sua inspiração. É que a história, daí para a frente, se confunde com a memória íntima do público que aspira a um teatro escrito para ele. Essa "historicização" deveria também permitir ao palco assumir uma função pedagógica à qual não havia renunciado completamente. Através da representação da História, o teatro deveria levar o público a forjar sua identidade nacional ao descobrir o encadeamento das causas e dos efeitos que pouco a pouco haviam fabricado seu passado e determinado seu presente.

O exemplo de Shakespeare está em todas as memórias românticas. Guizot o introduzira, desde 1821, através de seu *Ensaio sobre a vida e as obras de Shakespeare*. Enfatizava que o drama shakespeariano cumpria uma função social. Ao encenar as grandes páginas da história inglesa diante de um público popular, o autor de *Henrique V* contribuíra para forjar um profundo sentimento de identidade e solidariedade nacionais, cuja solidez e dinamismo o período napoleônico permitira perceber.

Os românticos franceses atribuem uma tarefa equivalente ao teatro que propõem criar. Stendhal sonha com algum equivalente francês das crônicas shakespearianas em que os Capeto e os Valois ocupariam o lugar dos York e dos Lancaster:

> Os reinos de Carlos VI, de Carlos VII, do nobre Francisco I devem ser fecundos para nós como tragédias nacionais de interesse profundo e duradouro. (*Racine e Shakespeare*, primeira versão)

E, na segunda versão de seu ensaio, irá sugerir aos futuros dramaturgos que se voltem para as crônicas medievais, sobretudo as de Froissart, cuja publicação estava em curso.

Mesmo Hugo, que está sem dúvida menos inclinado a submeter sua inspiração às exigências do didatismo histórico, utilizará roteiros cuja ação se situa em um período que, em relação aos hábitos arcaizantes dos neoclássicos, parece resolutamente "moderno": *Cromwell* e *Marion Delorme* se passam no início do século XVII, *Ruy Blas* no final. *Hernani* e *Maria Tudor* no XVI. E os países que servem de contexto para essas peças não são mais a Grécia ou Roma, mas a Inglaterra, a França ou a Espanha, até mesmo a Itália, com *Lucrécia Bórgia* e *Ângelo*. Por duas vezes, sabendo evidentemente que provoca com isso a censura real, coloca em cena monarcas franceses ou grandes figuras históricas: Luís XIII e Richelieu em *Marion Delorme*, Francisco I em *O rei se diverte*. E termina seu prefácio de *Marion Delorme* com uma observação sugestiva: "Por que agora não surgiria um poeta que estaria para Shak[e]speare assim como Napoleão está para Carlos Magno?"

Os outros dramaturgos franceses não ficam atrás. Dumas bebe abundantemente na história recente. Monta Henrique III (*Henrique III e sua corte*, 1829), Carlos VII (*Carlos VII visita seus grandes vassalos*, 1831) e até Napoleão em um drama significativamente intitulado *Napoleão Bonaparte ou Trinta anos de história da França* (1831).

Note-se que a ópera que enlouquece os parisienses — e que é exageradamente dissociada do teatro dramático — não hesita em ocupar o mesmo campo histórico, inspirando-se na histórica britânica com alguns libretos extraídos de Walter Scott (Rossini, *A dama do lago*, 1825; Bellini, *Os puritanos*, 1835; Donizetti, *Lucia di Lammermoor*, 1837.[1] As cabeças coroadas da Inglaterra fornecem heroínas de ópera bastante apresentáveis (Elizabeth I, Ana Bolena, Maria Stuart...)! Finalmente, *Os huguenotes*, de Meyerbeer, evocam precisamente a Noite de São Bartolomeu francesa (1836). É compreensível que os compositores tenham se interessado muito rapidamente pelos dramas românticos capazes de gerar excelentes libretos de ópera. Hugo, sobretudo, será abundantemente explorado. Por Donizetti (*Lucrécia Bórgia*, 1840). Por Verdi (*Hernani*, 1846; *O rei se diverte* (Rigoletto), 1857).

A história contra as regras

Essa vontade de explorar o campo de uma história recente, se não absolutamente contemporânea, constituía também uma dupla habilidade. Primeiro, respondia a uma expectativa manifesta do público menos conservador com o qual os românticos tinham todo interesse em se reconciliar.

Depois, colocava os neoclássicos em dificuldade, pois logo ficava evidente que as tradições regulares eram pessimamente adaptadas a uma representação plausível da história moderna. Este será um dos *leitmotiven* da argumentação stendhaliana:

> Como pintar com alguma verdade as catástrofes sangrentas narradas por Philippe de Comines e a crônica escandalosa de Jean de Troyes, se a palavra *pistola* não pode entrar de jeito nenhum em um verso trágico? (*Racine e Shakespeare*, Prefácio)

E como concentrar de modo verossímil, dentro do preceito das unidades, um acontecimento recente do qual o público tem noções bem precisas? E como fazer falar um rei da França em alexandrinos e tiradas, sem cair no ridículo?

> Ouvi falar, nessa época [em 1814], de diversas pequenas conspirações. Desde então desprezo as conspirações em versos alexandrinos e desejo a *tragédia em prosa*: uma *Morte de Henrique III*, por exemplo, cujos quatro primeiros atos se passam em Paris e duram um mês (de fato é preciso esse tempo para a sedução de Jacques Clement[2] e o último ato em Saint-Cloud. Isso me interessa mais, confesso, do que Clitemnestra ou Régulo fazendo tiradas de vinte e quatro versos e de espírito *oficial*. A *tirada* talvez seja o que haja de mais anti-romântico no sistema de Racine; e se fosse preciso absolutamente escolher, gostaria mais de ver conservadas as duas unidades[3] do que a *tirada*. (*Racine e Shakespeare*, segunda versão)

Dito isso, Stendhal aparece, ao lado de Schlegel, como um dos mais radicais em sua contestação da estética das regras. Ao basear sua análise na noção de prazer e de ilusão consentida, ambos ficam em condições de enfatizar a fragilidade de todas as convenções. A imaginação é uma boa menina! Está pronta a admitir tudo o que se queira em matéria de espaço e de tempo, contanto que o interesse da ação e seu poder de emoção não diminuam. Mas a maior parte dos autores franceses permanece em geral, prudentemente, em silêncio. Em 1809, Benjamin Constant afirmava que a história nacional moderna era perfeitamente compatível, do ponto de vista dramatúrgico, com o respeito das unidades, mesmo reconhecendo que o autor certamente esbarraria em dificuldades (*Reflexões sobre a tragédia de Wallstein e sobre o teatro alemão*). Hugo sacrificará a unidade de tempo e a de lugar. Mas, provavelmente submetido às coerções tecnológicas do palco de seu tempo (os cenários custam caro e sua mudança obriga a baixar o pano), nunca vai além de um cenário por ato. E, como é sabido, não renunciará ao alexandrino, pronto a desarticulá-lo. Em *Hernani*, o futuro Carlos V pronuncia, pior que uma *tirada*, um *monólogo*[4] em alexandrinos que provavelmente é um dos mais longos do teatro francês (IV, 2). Francisco I e Luís XIII, respectivamente em *O rei se diverte* e em *Marion Delorme*, por mais que sejam os reis da França, falam em versos de doze pés, como aliás a rainha da Espanha (é verdade, menos familiar ao público francês) de *Ruy Blas*...

Os sucessos obtidos pelos neoclássicos, em uma época em que os românticos nada haviam produzido ainda para o palco, representavam um perigo evidente para a afirmação de sua estética. Não pretendiam impô-la sem eliminar uma tradição que era um estorvo cujo academicismo não fora claramente percebido pelo grosso do público. Em 1819, *As vésperas sicilianas*, de Delavigne, que evocavam um episódio da ocupação da Sicília pelos franceses no século XIII, haviam triunfado no Odeon. No ano seguinte, será a vez da *Maria Stuart* de Lebrun, do *Clóvis* de Lemercier... O mais curioso é que essas peças são ainda mais apreciadas quanto mais rigorosamente respeitam as regras herdadas do século XVII! Uma dezena de anos antes, o *Cristóvão Colombo* de Lemercier, que havia sacrificado as unidades, provocara o furor do público, a ponto de ter sido necessário a intervenção da gendarmeria para evacuar a sala!

Os românticos, em seu embate com os neoclássicos, são portanto obrigados a levar em conta o fenômeno. Sua análise é, grosso modo, a seguinte: os Lemercier, Delavigne etc. não são desprovidos de talento. Porém, se tivessem tido um pouco mais de audácia e se livrado dos grilhões das regras, seu sucesso teria sido outro... (Stendhal).

Da "cena histórica" ao "drama romântico"

A partir de 1825 um número considerável de "cenas históricas" é publicado. Não são, propriamente falando, peças de teatro. Não pedem para serem representadas. Trata-se de uma forma de escrita que visa materializar agradavelmente para um leitor, sob a forma de diálogos, este ou aquele episódio da história recente. Vitet descreve bem claramente o gênero ao apresentar suas *Barricadas* (1826):

> Não é absolutamente uma peça de teatro que se vai ler, são fatos históricos apresentados sob forma dramática.

Essa independência em relação ao teatro, a seus usos e a seu público, permitia a seus autores se libertar das regras. Dava-lhes também total liberdade com relação às coerções técnicas e estruturais de uma encenação. Essa dupla autonomia justificava, a seus olhos, afirmar uma perfeita conformidade à verdade. Vitet ainda:

> Imaginei que passeava em Paris no mês de maio de 1588, durante a tempestuosa jornada das barricadas e durante os dias que a precederam [supressão da unidade de tempo]; que entrava em todos os salões do Louvre, nos do Hôtel de Guise, nos cabarés, nas igrejas, nos alojamentos dos burgueses da Liga, políticos e huguenotes [supressão da unidade de lugar] ... Sente-se que não pôde resultar daí senão uma seqüência de retratos, ou, para falar como os pintores, estudos, croquis, que não têm o direito de aspirar a outro mérito senão o da semelhança.

Em suma, o sucesso das tragédias neoclássicas de tema histórico, o prazer que os leitores experimentavam com essas "cenas", mostrava isso claramente aos olhos dos românticos: os tempos estavam maduros para o nascimento de uma nova dramaturgia capaz de se encarregar integralmente de uma representação "verídica" da História moderna.

Os anos 1820, retrospectivamente, apareciam como um período de transição. Os românticos aprimoravam sua doutrina antes de se lançar nas iniciativas criadoras que deviam permitir sua fundamentação. O público estava reticente ou frio? Pouco a pouco, pensavam, ele tomaria consciência, pela experiência e contato com obras diretamente saídas da nova estética, que o abandono do modelo neoclássico tinha efeitos benéficos para o teatro.

O *Cromwell*, de Hugo, publicado em 1827, marca a passagem feérica da "cena histórica" para o "drama". Da "cena" [do palco],

Cromwell conserva pelo menos uma característica: é praticamente irrepresentável! Irrepresentável em 1827, mas também irrepresentável hoje, a despeito de algumas tentativas recentes e não obstante os progressos técnicos cênicos. Este não é o menor paradoxo de uma obra que se pretendia o manifesto do novo teatro!

É portanto o triunfo, na Comédie Française, do *Henrique III e sua corte* de Dumas em 1829 e, no ano seguinte, a interminável "batalha" de *Hernani* que marcam o verdadeiro nascimento de uma estética nova no palco.

A partir de 1830 a maioria das obras escritas para ilustrá-la é perfeitamente bem recebida. Apenas no ano de 1831, são criadas com sucesso *Marion Delorme* de Hugo, *A marechala de Ancre* de Vigny e três dramas do fecundo Dumas: *Antony*, *Carlos VII visita seus grandes vassalos* e *Richard Darlington*.

Hoje em dia, esses dramas nos parecem nitidamente mais românticos que históricos. No entanto, seus autores dão prova de uma preocupação de exatidão atestada por diversas leituras e pesquisas prévias. Antes de encetar a redação de *Ruy Blas*, Hugo se interessou de muito perto pela corte da Espanha do final do século XVII e pela ascensão do favorito da rainha da Espanha, Fernando de Valenzuela... Ou seja, a representação romântica da História ficou presa entre duas aspirações nem sempre fáceis de conciliar: um realismo mimético que mostraria os acontecimentos como efetivamente se passaram e uma liberdade poética recentemente conquistada sobre o dogmatismo neoclássico que legitima vários desvios em relação à verdade dos historiadores.

3. Rumo ao realismo e mais além

Veracidade e poesia

O teatro de Schiller impressionara os franceses do grupo de Coppet (Mme. de Staël, Constant etc.) por sua preocupação com o realismo. Este se personifica na "verdade dos personagens", na evocação da vida coditiana e assim por diante (Constant, *Reflexões sobre a tragédia de Wallstein e sobre o teatro alemão*). Mme. de Staël tirava daí o argumento para afirmar a possibilidade de um teatro que, livre das obrigações reguladoras do classicismo, ofereceria uma representação "verídica" da História. Essa veracidade, estimam, mais que todas as unidades, garantirá a ilusão teatral. Stendhal responderá a essa argumentação: as convenções aristotélicas são incompatíveis com uma representação plausível dos acontecimentos recentes.

A veracidade da representação será uma fonte de informações para o espectador. Mas também de emoções. Pois ele se identificará mais facilmente com personagens que se lhe assemelharão, em sua banalidade e cotidianidade, do que com figuras idealizadas pelos mecanismos habituais do aristotelismo. Este é claramente, aliás, o limite das tragédias históricas à maneira de Delavigne.

A teoria stendhaliana repousa em uma distinção capital: haveria duas modalidades da ilusão teatral — a ilusão *corrente* e a ilusão *perfeita*. A primeira é a mais freqüente, e o espectador permanece, apesar de tudo, consciente de sua posição de espectador que assiste a um espetáculo. Ilusão aproximativa, portanto, e ligada à boa vontade de cada um. A segunda raramente aparece, e por instantes muito breves. Mas então, ela toma conta do espectador, fazendo-o perder toda noção da diferença entre teatro e realidade e suscitando a mais intensa das emoções. Como então multiplicar esses momentos de exceção? Preservando, na medida do possível, a conformidade da representação a seu modelo histórico.

Com isso, sob que aspecto, perguntarão, o teatro vai se distinguir da historiografia? Onde residirá a parte de criação, de invenção, de poesia que permite ao "gênio" afirmar-se? O historiador, respondem, deve lidar com acontecimentos enquanto factualmente comprovados por documentos. Já o dramaturgo tenta redescobrir, por trás desses acontecimentos, os sentimentos, as motivações, as paixões e os comportamentos que os tornaram possíveis. Existe aí, claramente, uma margem de incerteza, de desconhecido, que é também o domínio da inspiração e da liberdade criadoras.

Vem então ao espírito, naturalmente, a compatibilidade dessa liberdade com um realismo. O poeta, ao sonhar, não corre o risco de falsificar a representação da História? Conscientes dessa dificuldade, os românticos admitem uma janela. A invenção deve permanecer sempre subordinada à veracidade histórica. Em outras palavras, não é livre para forjar uma ficção senão na medida em que esta não contradiz os dados da História nem choca o conhecimento que se pode atribuir ao público. Oportuno retorno da exigência aristotélica da verossimilhança!

Shakespeare, "exemplo" ou "modelo"?

Que tal doutrina seja legitimada pela referência a Shakespeare pode espantar hoje em dia. É que, para os leitores de 1820, o drama shakespeariano, comparado às tragédias neoclássicas, faz o papel de modelo em matéria de realismo. Realista, Shakespeare o seria pela força e diversidade de seus personagens. E pela vida exuberante de seus "quadros históricos". Stendhal e Hugo o percebem assim: ao mesmo tempo grande e verdadeiro. Provavelmente é Guizot que, em seu ensaio de 1821, será o primeiro na França a perceber que as opções shakespearianas devem mais ao sentido poético e teatral do que a uma preocupação com o realismo. Mas o ensaio de Guizot chegaria tarde demais para modificar o ponto de vista dos românticos.

De todo modo, a referência a Shakespeare e sua promoção a modelo de realismo dramático tinham um claro interesse estratégico. Permitiam aos românticos afirmar que o novo drama por eles preconizado era realizável, uma vez já fora realizado! E o próprio título do panfleto de Stendhal era eloqüente! O teatro só teria duas estéticas incompatíveis como escolha: a de Racine e a de Shakespeare.

Uma outra convicção era compartilhada pelos românticos. Shakespeare, observavam, era pouco e mal conhecido do público francês. Não havia sido absolutamente encenado, e em adaptações preocupadas em conformá-lo às normas do "bom gosto" francês (Ducis). Espalha-se então a idéia de que representações do "verdadeiro" Shakespeare terão, por si próprias, poder de conversão. E que contribuirão para jogar o público no campo dos inovadores.

Em 1822, uma companhia britânica vem se produzir em Paris, provocando uma celeuma inverossímil levando-se em conta o contexto político da época. Os "liberais" (bonapartistas) vêem em tudo que vem da Inglaterra o próprio símbolo das forças que vitoriosamente se juntaram para abater a Águia. Cinco anos mais tarde, uma nova tentativa será acolhida com mais serenidade. E descobre-se com entusiasmo um estilo de interpretação intensa e livre que, ao mesmo tempo, colocava algumas rugas na arte dos atores franceses. Essa representação, que logo passa a ser chamada de "inglesa", exercerá grande influência em todos os criadores do drama romântico (Frédérick Lemaître, Bocage, Ligier, Mlle. Mars etc.). E contribui para dar aos futuros dramaturgos uma idéia precisa, concreta, do que podiam esperar da representação. Dumas, em particular, foi marcado por isso como que por uma espécie de revelação!

Esse culto de Shakespeare, por outro lado, irá colocar os teóricos do novo drama em uma posição falsa. Parecia pouco lógico, de fato, proclamar ao mesmo tempo o absurdo de um teatro que se pretendia contemporâneo, de tomar seu modelo na Antigüidade grega ou em uma estética velha de dois séculos, e a necessidade, para esse mesmo teatro, de se inspirar em um dramaturgo inglês tão velho quanto. E podia-se sustentar ao mesmo tempo que o gênio criador é absolutamente soberano na elaboração de sua estética, de sua dramaturgia, e professar que, fora do modelo shakespeariano, não há salvação? Os neoclássicos em vão denunciaram esses ilogismos, e os românticos tiveram que se entregar a algumas contorções intelectuais para frustrar essas críticas.

Hugo afirma assim que a época moderna começa com a era cristã. De modo que se inspirar no modelo shakespeariano é permanecer... resolutamente moderno! (Prefácio de *Cromwell*). Stendhal, não sem elegância, demonstra que o período elisabetano e a Restauração francesa apresentam tais analogias políticas que se torna legítimo, quando se escreve sob Luís XVIII, inspirar-se em um modelo elisabetano! O argumento mais convincente é provavelmente a distinção estabelecida por Guizot: os neoclássicos, diz ele, tentam enganar os românticos ao fingirem confundir "exemplo" e "modelo". Embora se deva admirar o gênio de Shakespeare, buscar nele lições sobre a possibilidade de um teatro livre do aristotelismo não significa absolutamente que se deva imitá-lo. Hugo não mudará de opinião, até mesmo no tardio *William Shakespeare* de 1864. Por definição, o gênio é único. Portanto, inimitável. "Imitar Shakespeare não faria então o menor sentido." O autor moderno pode no máximo se inspirar em sua singularidade excepcional para mostrar originalidade própria. O exemplo de Shakespeare deve provocar emulação, marca de liberdade criadora, não imitação, sinal de servidão.

Mais importante talvez seja o fato de que a leitura de Shakespeare permite aos românticos legitimar dois pontos de ruptura essenciais com o neoclassicismo. O aristotelismo, como se sabe, distingue cuidadosamente os gêneros em função do modo de representação adotado: a tragédia representa homens "maiores que a natureza"; a comédia os encena "depreciando-os". Ora, dizem, Shakespeare, assim como a vida, recusa essa distinção. O drama entretece aí o cômico e o trágico. Os "heróis" convivem com os "clowns", o príncipe da Dinamarca dialoga com atores ou coveiros, e o príncipe de Gales é o companheiro de devassidão do gordo Falstaff... O teatro segundo Aristóteles institui um sistema segregacionista. Não pode portanto dar da realidade senão uma visão fragmentária, mutilada, onde Shakespeare consegue oferecer uma representação totalizante e, por isso mesmo, verídica.

Uma ambição totalizante

Hugo, a partir daí, entroniza o feio como novo valor estético:

> Nada na criação é humanamente belo ... O feio existe nela ao lado do belo, o disforme ao lado do gracioso, o grotesco como contraparte do sublime, o mal com o bem, a sombra com a luz. (Prefácio de *Cromwell*)

A antítese do belo e do feio, em todas as suas modulações, vai se tornar um artigo do novo credo. Hugo, muito especialmente, irá fazer de uma instância possível do feio, o *grotesco*, um dos pólos de sua visão de mundo e uma ferramenta de sua dramaturgia:

> O sublime sobre o sublime dificilmente produz um contraste, e temos a necessidade de descansar de tudo, mesmo do belo. Parece, ao contrário, que o grotesco seja um intervalo, um termo de comparação, um ponto de partida do qual nos elevamos em direção ao belo com uma percepção mais fresca e mais excitada. A salamandra adorna a ondina; o gnomo embeleza a sílfide. (Prefácio de *Cromwell*)

Nos dramas *hugoanos*, essa dialética não se materializará apenas por contrastes físicos — o disforme Triboulet ao lado do sedutor Francisco I (*O rei se diverte*) — mas também por clivagens internas mais sutis. O invólucro repulsivo do bufão sarcástico e corcunda dissimula tesouros de ternura paternal; a solicitude elegante do monarca, um amoralismo sem escrúpulos...

A estética romântica do drama, ao menos tal como Hugo a concebe e a põe em prática, repousa portanto ao mesmo tempo em um princípio de heterogeneidade e em uma ambição totalizante. No que está em ruptura completa com o aristotelismo neoclássico que, a despeito de concessões oportunistas, buscava manter a obrigação de uma representação homogênea e, portanto, um ponto de vista sistematicamente seletivo. Em seu prefácio a *Maria Tudor*, em 1833, Hugo assim descreve o drama que sonha realizar:

> Seria a mistura no palco de tudo que está misturado na vida ... seria o riso; seriam as lágrimas; seria o bem, o mal, o alto, o baixo, a fatalidade, a providência, o gênio, o acaso, a sociedade, o mundo, a natureza, a vida; e, acima de tudo isso, sentiríamos pairar algo de grande!

Hugo, manifestamente, se sente mal em uma dramaturgia que se limitaria a uma representação da História, mesmo sendo "realista". O drama segundo ele engloba, decerto, a História, mas na medida em que esta é uma dimensão entre outras da transcrição teatral do real. A tentativa incompreendida dos *Burgraves*, em 1843, dá provas dessa vontade de transcender o realismo e integrar cotidiano e lenda, história e epopéia, trivialidade e mitologia...

> Assim, a história, a lenda, o conto, a realidade, a natureza, a família, o amor, costumes ingênuos, fisionomias selvagens, os príncipes, os soldados, os aventureiros, os reis, patriarcas como na Bíblia, caçadores de homens como em Homero, titãs como em Ésquilo, tudo se ofereceria ao mesmo tempo à imaginação deslumbrada do autor nesse vasto quadro a ser pintado. (Prefácio dos *Burgraves*)

Segundo tudo indica, tal ambição excedia a capacidade do palco dos anos 1840, a dos atores e também a do público. De qualquer maneira, o fracasso dos *Burgraves* soa o dobre das pesquisas de Hugo nessa direção. Mais amplamente, marca o fim da iniciativa de conquista e de renovação do teatro pela estética romântica.

A concepção visionária de Hugo, esse sonho de um teatro do cosmo onde se interpenetrariam natureza e sobrenatural, onde "o sonho eterno flutua", onde se enfrentam os dois princípios de toda cosmogonia, o Bem e o Mal, que são também os motores de toda ação teatral — essa concepção terá implicações a longo prazo.

Em um primeiro momento, Hugo fica razoavelmente isolado, mesmo em relação aos românticos, que lhe são mais próximos. É provavelmente o único a enxergar que centrar a representação, como preconizava a geração de 1820, sobre as realidades históricas e sobre as capacidades miméticas da cena, era ainda manter o teatro nos limites de um racionalismo. Aristóteles e os "doutos" do século XVIII privilegiavam o *admissível* e o *verossímil.* Os românticos preferem valorizar o *comprovado*. Afora essa diferença, o teatro oferecia sempre a imagem de um mundo do qual a Razão pretendia dar conta. Hugo, de seu lado, sonha em abrir o espaço da representação à totalidade das concepções do espírito humano sem mais se preocupar em verificar se estas efetivamente se realizaram ou poderiam se realizar. O palco, segundo Hugo, devia voltar a se tornar um *theatrum mundi*, um teatro do mundo, ou seja, uma representação que se encarregasse da totalidade do que o homem faz, ou do que sonha. Teatro-cosmo onde tudo se torna possível apenas pela graça da imaginação poética e com a ajuda dos virtuoses da ilusão... Mas o onirismo *hugoano* chegava tarde demais, uma vez que era o *William Shakespeare* de 1864 que ele constituía como teoria criadora. Nessa época, o teatro romântico não é senão uma lembrança antiga de três décadas. O teatro dos anos 1860 retraiu-se friamente na nova roupagem Segundo Império do drama burguês.

Todavia, mesmo deixando de lado uma teoria visionária que é só de Hugo, a reivindicação de realismo na representação da História que os românticos postulam deve ser relativizada. Era antes de tudo uma arma polêmica que oferecia duas vantagens: permitia denunciar a impostura idealizante dos neoclássicos; e correspondia também a uma aspiração manifesta do público da época. Nunca, em todo caso, os românticos se deixarão levar pela conseqüência extrema que a aspiração realista pretende, a utopia de uma confusão vertiginosa do real e do representado. Conservam, muito pelo contrário, o sentimento muito claro da especificidade do palco. A imagem no espelho permanece uma imagem. Seu modelo está sempre em outro lugar, e sua representação só tem eficácia ilusionista na medida em que emana de uma tecnologia do artifício. Hugo o dirá melhor do que ninguém:

> O teatro não é o país do real: existem árvores de cartolina, palácios de pano, um céu de farrapos, diamantes de vidro, ouro de lantejoula, fingimento na bofetada, rouge na bochecha, um sol que sai de debaixo da terra.[5] (*Monte de pedras*, texto de 1830)

Ele fracassa em levar ao extremo, portanto em ridicularizar e desqualificar, a aparente lógica da utopia realista: a História sugere que o Cid falava antes em prosa do que em verso, dizem. Mas então era preciso também que falasse o espanhol da alta Idade Média! E que o sol de Sevilha não fosse mais a ribalta da Comédie Française! E que suas muralhas fossem de pedra!... Em suma, levada a seu termo, a lógica do realismo resultaria na própria supressão do teatro.

> Deve-se reconhecer, sob pena de cair no absurdo, que o domínio da arte e o da natureza são perfeitamente distintos. A natureza e a arte são duas coisas, sem o que uma ou outra não existiria. (Prefácio de *Cromwell*)

De modo que Hugo descobre a metáfora do espelho que Stendhal aplicava ao romance. Mas transforma completamente sua significação. Decerto, o drama é um espelho do real e pode "desfilá-lo ao longo dos caminhos". Mas é um espelho que concentra, amplifica, metamorfoseia a realidade a cuja imagem remete:

> O teatro é um ponto de ótica. Tudo o que existe no mundo, na história, na vida, no homem, tudo deve ser capaz de se refletir nele, mas sob a varinha mágica da arte. (Prefácio de *Cromwell*)

Desde então, entre o realismo pregado pela geração de 1820, no que concerne à representação da História, e a liberdade de invenção, que, segundo Hugo, é privilégio do poeta, não se vê mais nenhuma articulação possível.

Manifestamente, a dramaturgia *hugoana* pretende ser uma forja de mitos que mobilize figuras de epopéia. Desse ponto de vista, não é insignificante que, com *Os burgraves*, Hugo tenha se desviado da história dos séculos XVI e XVIII franceses, ingleses ou espanhóis que até então utilizara, em prol de uma Idade Média arcaica. A vantagem, a seus olhos, era que o período continuava mal conhecido pela maior parte dos espectadores, misterioso, "gótico" se preferirem. Era portanto uma material facilmente "mitificável":

> Então, com efeito, há seis séculos, outros titãs lutaram contra um outro Júpiter. Esses titãs são os burgraves: esse Júpiter é o imperador da Alemanha. (Prefácio dos *Burgraves*)

Era certamente mais fácil assimilar a Júpiter o distante Frederico Barba-Roxa do que o buliçoso Francisco I ou o melancólico Luís XIII!

Ao escolher esse caminho, Hugo se destinava à solidão e ao fracasso. Nem o teatro de seu tempo, nem o público estavam em condições de segui-lo. O fiasco dos *Burgraves*, em 1843, coincide de maneira significativa com um retorno ainda mais virulento da estética neoclássica. Tragediógrafa incomparável, Rachel triunfa na *Lucrécia* de Ponsard, cinco atos em alexandrinos e no gênero arcaizante.

E os anos que se seguem irão assistir ao sucesso crescente de uma nova roupagem do realismo. Retorno ao drama burguês. A História, inclusive a recente e em todo caso com maiúscula, é deixada de lado em benefício de assuntos imediatamente contemporâneos e cotidianos. *A dama das camélias*, de Dumas filho, em 1852, que opõe amor-paixão e tuberculose, rigorismo burguês e liberdade de costumes, parisianismo e provincialismo, é provavelmente a encarnação paradigmática dessa evolução.

Hugo se perdera em um impasse estético? Por ora, podia-se acreditar nisso. Mas ulteriores mutações do teatro iam, definitivamente, revelar a dimensão profética de suas buscas. Pois a posteridade dos *Burgraves* ia resultar, meio século mais tarde, nos simbolistas e no Claudel de *Cabeça de ouro* ou de *Sapato de cetim*...

William Shakespeare comprova em todo caso que os riscos estéticos assumidos por Hugo o eram com conhecimento de causa. Ele sonhava com um teatro que visa para além da grandeza, que se liberta das exigências de equilíbrio e harmonia que o classicismo instituiu como parâmetros da beleza. Os cânones dessa nova estética defendem a imensidão, a desproporção...

> O imenso difere do grande na medida em que exclui, se bem lhe aprouver, a dimensão, na medida em que passa dos limites, como se diz vulgarmente, na medida em que pode, sem perder a beleza, perder a proporção. (*William Shakespeare*)

4. A mutação naturalista

A estética romântica em processo

A discordância era cada vez mais gritante entre a aspiração burguesa a um teatro que remeteria ao espectador uma imagem "semelhante" de si mesmo e as buscas românticas, e acima de tudo *hugoanas*. Delavigne e Scribe avaliaram perfeitamente essa exigência. E haviam sabido, astuciosamente, respondê-la. Daí seu sucesso imediato. Não faltavam, aqui e ali, sinais reveladores. Comprovam isso, por exemplo, as reservas articuladas pelo resenhista de *Entreato*, desde a estréia de *Maria Tudor*, em 1833:

> Falem mais baixo, falem-nos de nós mesmos, cubram seus personagens com uma máscara conhecida de todos nós; exibam nossa vida de todos os dias...

O próprio Musset se desvia de uma estética romântica que não se mostrara muito fiel, julga ele, à sua reivindicação inicial de veracidade. Disposta, aliás, a não se preocupar com isso além do necessário! É que sua invenção poética não tinha, no fundo, nenhuma necessidade de se apoiar em uma teoria de escola...

A opinião liberal ataca vigorosamente o modelo romântico. Denuncia seus lugares-comuns e seu exagero. Ridiculariza suas "ruidosas fantasmagorias", suas "orgias sangrentas", suas "bacanais furiosas" (Gustave Planche).

Essa evolução do gosto vai se precipitar sob o Segundo Império. A burguesia, que domina agora os poderes econômico e político, não se reconhece de maneira alguma em uma visão do mundo que magnifica os valores de que ela desconfia ou os quais nega — o transporte da paixão, o culto do individualismo, a fascinação pela morte... E isso em alto e bom som! A crítica de seus jornais favoritos não pára de denunciar "o triunfo do falso, do convencional, do empolado" (Sarcey) a que levaria a dramaturgia romântica.

O próprio Zola, pouco suspeito de condescendência a respeito da burguesia de seu tempo, dispara sobre esse teatro:

> Designo por drama romântico qualquer peça que zombe da verdade dos fatos e dos personagens, que faça passear no palco fantoches com barrigas de farelo. (*O naturalismo no teatro*, 1881)

Mas essa condenação irrecorrível cavava um vazio teórico — que não ia tardar a ser preenchido por uma nova doutrina cujos fundamentos caberiam de direito à crítica burguesa do "irrealismo" delirante dos românticos. A cena da época assiste ao retorno desse "gênero sério", drama ou comédia, que o século XVIII definira e tentara, com mais ou menos felicidade, realizar. Esse teatro se apressa em corresponder à exigência dominante. Representa no palco a burguesia que está na platéia e as categorias sociais que gravitam ao seu redor — mulheres duvidosas, aristocracia decadente, aventureiros do dinheiro, proletariado doméstico... Os românticos eram bastante criticados por se satisfazerem com o paroxismo e a exacerbação mórbida das paixões. A nova comédia de costumes de Augier, as peças ditas "de tese" de Dumas filho vão explorar os semitons e a cotidianidade dos sentimentos medíocres. Vão habilmente dar ao público burguês a impressão de que ele não perde tempo com divertimentos inúteis, que o teatro é uma escola que lhe permite se informar sobre as grandes questões que se colocam para sociedade contemporânea. De fato, contribuem para confortá-lo em sua consciência, em seus *a priori* e em sua ideologia.

Trata-se em suma de um teatro-espelho, ou suposto como tal. Sua base teórica é dupla. O palco, acredita-se, se empenha em devolver para a platéia uma imagem "semelhante" de si própria. Ao mesmo tempo, veicula uma "moral", "diretrizes" que pretendem assegurar a gestão harmoniosa da vida cotidiana e de seus inevitáveis conflitos.

Mas, ao lado da tentação de um teatro edificante, ou, pelo menos, utilitário, coexiste uma dramaturgia lúdica e irônica que se converte em caricaturas *à la* Monnier. Sua realização mais bem acabada é provavelmente a comédia tal como Labiche (e os autores que com ele colaboram) consegue renovar. Através de anedotas leves, escorregando insensivelmente desde a banalidade cotidiana até o fantástico ou o absurdo, exibe e ridiculariza os reveses, a mediocridade, a incultura, a vaidade, a ganância, o egoísmo... dessa pequena e média burguesia que agora está na vanguarda da sociedade (*La Cagnotte*, *A viagem de Monsieur Perrichon*, *O chapéu de palha italiano*, *A chave* etc.).

Como de costume, a desvalorização e a distância introduzidas por uma representação deliberadamente caricatural impedem o público de se identificar com tais imagens, e portanto de formalizá-las. Os burgueses de Labiche são um pouco mais "medíocres", um pouco mais "província" que aqueles que constituem o público. Estes últimos se sentem um pouco acima dessas marionetes desvairadas, um pouco mais "humanos". Podem portanto rir delas com a consciência limpa... É o triunfo do vaudeville, que, via Feydeau, Sacha Guitry e alguns outros, vai repercutir durante todo o século XX.

O teatro, imagem viva da vida

O surgimento da fotografia — é sabido que Zola era seu adepto fervoroso e que a praticava com talento —, o desenvolvimento das ciências, o otimismo ideológico que o acompanha, eis alguns fatores, entre outros, que favorecem uma teoria mimética da representação. Um mimetismo radical, que exclui qualquer idealização, qualquer estilização. Que denuncia como imposturas a elipse, a atenuação, a fantasia, o irrealismo... Esse teatro se atribui como missão "fotografar" os meios sociais tais como existem. Na mesma época, os progressos decisivos das técnicas cênicas — mudança da iluminação, que tira partido dos recursos oferecidos pelo domínio do gás e, depois, a partir dos anos 1880, da eletricidade: utilização de *trompe-l'oeil* cenográficos cada vez mais elaborados; mobilização de objetos e materiais "verdadeiros"; exploração do "praticável"[6] etc. — fortalecem evidentemente as possibilidades de realização de um teatro assim.

Zola é o mais famoso teórico da cena dita *naturalista*. Elabora, entre 1879 e 1881, o modelo que lhe permite definir uma estrutura, uma escrita, uma dramaturgia etc. É absolutamente espantoso, a esse respeito, observar que esse empreendimento está estreitamente subordinado à sua concepção e prática do romance, que a idéia de uma teatralidade específica, autônoma, permanece completamente estranha a seu pensamento (ver, sobre isso, o prefácio da *Taberna*, 1877, ou *O romance experimental* 1880). E não se trata mais de afirmar uma exigência de mutação estética radical, a exemplo da iniciativa romântica meio século antes. Zola retoma por sua conta todas as tradições teóricas que anteriormente haviam pretendido reduzir o teatro a um estrito mimetismo. Evoca o drama burguês, a comédia de costumes, em suma todos os gêneros que, na época moderna, parecem se aproximar mais desse ideal. O procedimento de Zola reata com o dos teóricos do "gênero sério" do século XVIII, e sobretudo com Mercier.

Zola expande ao infinito, como manda o otimismo cientificista, o campo e as possibilidades do processo mimético. A especificidade da dramaturgia naturalista está menos na escrita inovadora do que nessa ambição de se encarregar da totalidade do real, e dela dar conta com exatidão. Esse imperativo tem como corolário a recusa de qualquer censura externa (o poder) ou interna (o autor). Nenhuma consideração moral, ou pretensamente moral, seria capaz de atravessar ou limitar o empreendimento naturalista. Aceitar esse gênero de coerções é renunciar à perfeita fidelidade que se deve a um modelo. Eis por que o palco, livre de qualquer obrigação de decoro, deve acolher, caso se faça necessário, todas as feiúras sociais, fisiológicas ou outras, uma vez que fazem parte do real e que não se tem o direito de ocultá-las a partir do momento em que se pretende mostrar esse real sem trapaça ou truques.

Hoje em dia provavelmente não se percebe mais a audácia dessa reivindicação. Mas é preciso lembrar que o público burguês permanece rigidamente acuado entre sua aspiração ao mimetismo integral da cena e tradições ideológicas e culturais, fontes de uma suscetibilidade tacanha em relação a todas as imagens "cruas" que o teatro podia difundir.

De fato, a teoria teatral de Zola é menos esquemática do que se poderia pensar. Decerto reivindica um rigor todo científico na observação do real e em sua transcrição cênica. Mas não esquece que se trata sempre de apenas uma referência metafórica de uso polêmico; que o teatro permanece uma arte, isto é, um artefato, e que não pode existir sem uma rede de convenções. Por conseguinte, o mimetismo mais intransigente não poderá excluir completamente procedimentos de estilização de que a representação nunca conseguiu prescindir:

> Quando se faz teatro, não se está fazendo química ... Seria absurdo acreditar que se pode transportar a natureza tal e qual para o palco, plantar árvores verdadeiras, ter casas verdadeiras iluminadas por sóis verdadeiros. A partir do momento em que as convenções se impõem, é preciso aceitar ilusões mais ou menos perfeitas no lugar das realidades. Mas isso é de tal maneira indiscutível que é inútil mesmo falarmos na questão. É o próprio fundo da arte humana, sem o qual não existe produção possível. Não se critica o pintor por suas cores, ou o romancista por sua tinta e seu papel, ao autor dramático sua ribalta e seus pêndulos que não funcionam. (*O naturalismo no teatro*)

O interesse da teoria naturalista do teatro talvez esteja no fato de que ela funda uma dialética da representação. Ela se instala na tensão entre uma aspiração "moderna" à reprodução idêntica do real em todas as suas situações — "A idéia da vida nas artes é totalmente moderna. Somos carregados à nossa revelia em direção à paixão da verdade e do real" (*O naturalismo no teatro*) — e a rede das convenções sem as quais essa reprodução não consegue nem mesmo pensar em existir. O naturalismo se afirma contra as convenções existentes, mas, ao mesmo tempo, o naturalista sabe perfeitamente que as infletirá, as transformará talvez, mas não as fará desaparecer.

A reivindicação naturalista, finalmente, não é esse mimetismo integral ao qual não raro tentam vinculá-la. É bem antes o ressurgimento de uma permanente aspiração do teatro (e do público), a da ilusão da vida que se quer ver abundante no palco em oposição ao academicismo congelado, impotente para mascarar seus artifícios, a que conduzem, a cada época, uma utilização mecânica dos códigos e das convenções e uma perpetuação das tradições mais utilizadas. Cada geração, no fundo, experimenta a necessidade de inventar um novo sistema de convenções que dará, por um tempo, a ilusão da vida, antes de ser por sua vez percebido como tal e rejeitado em nome precisamente, da vida...

> É justamente porque existem convenções e barreiras entre a verdade absoluta e nós que lutamos para chegar o mais perto possível da verdade, que se assiste a esse prodigioso espetáculo da criação humana nas artes. Em suma, uma obra não é uma batalha travada com as convenções, e a obra é ainda maior na medida em que sai vitoriosa do combate ...
>
> Todo dia me pergunto ... se um autor não seria capaz de subverter as convenções cênicas de maneira a modificá-las e utilizá-las para levar ao palco uma maior intensidade de vida. (*O naturalismo no teatro*)

O naturalismo não produziu obras-primas incontestáveis no teatro. Seu mérito terá sido sobretudo o de irrigar boa parte das pesquisas do século XX, particularmente relativizando esse respeito estrito pelas regras de boa fabricação, da qual Dumas filho fazia o alfa e o ômega da arte teatral. Ali onde este identifica a construção dramática a um teorema, o naturalista aconselha que não se preocupe além da conta com receitas velhas. Sua própria eficácia as torna no fundo suspeitas. A intriga? Que seja uma simples trama. As famosas etapas obrigatórias de qualquer peça bem-feita desde Aristóteles, a "exposição", o "clímax", o "desenlace"? Elas nada têm de essencial comparadas ao esforço para animar a cena com um sopro de vida irresistível. Afinal de contas, na existência de cada um, raramente há uma "exposição", um "clímax" e um "desenlace".

A novidade da teoria naturalista é que ela não retoma o combate donquixotesco travado, há gerações, em nome da "verdade" ou da "natureza", contra as convenções do teatro. Admite, ao contrário, que o antagonismo entre umas e outras faz parte de sua própria essência, e recomenda explorá-lo em benefício do realismo, ou melhor, nuance importante, da vida. O dramaturgo naturalista deve dar "um arrepio de vida às árvores pintadas dos bastidores". Deve trazer "pela rotunda do cenário o grande ar livre da vida real" *(O naturalismo no teatro)*.

Mas essa descoberta da teatralidade é paga talvez com um preço alto que é a própria desvalorização do teatro. Há com efeito, no cerne do pensamento naturalista, um estranho paradoxo. Ele conclama a uma renovação do teatro ao mesmo tempo que o denuncia como arte do passado, repousando em técnicas obsoletas e sendo incapaz de responder às exigências dos contemporâneos (ver, por exemplo, o prefácio de Edmond de Goncourt a seu drama *Henriette Maréchal*, 1879). Pois, se admitirmos que o teatro não seria capaz de prescindir de convenções, essa própria necessidade revela seus limites e sua inadaptação à sensibilidade e à expectativa atuais. O gênero do futuro, para essa geração, é o romance e a liberdade sem coerções da qual extrai um poder de renovação permanente.

E se era preciso uma última prova de que esse final de século XIX vê no romance o instrumento mais adaptado a esse sonho de reprodução mimética do mundo moderno, nós a encontraríamos no fato de que o naturalismo, em suas tentativas de realização teatral, não passa de transposições para o palco de seus romances mais marcantes. De 1879 a 1888, com a ajuda de William Busnach, Zola "transforma" em dramas com quadros *A taberna*, *Nana*, *Panelada*, *O ventre de Paris* e *Germinal*. O triunfo ou o sucesso os esperam com freqüência...

Uma teoria da direção

■ Antoine

Do ponto de vista da história do teatro, a importância da teoria naturalista não é apenas que ela libera a escrita e a dramaturgia de uma herança imponente de coerções diversas. Ela confere a Antoine uma legitimação doutrinal para suas pesquisas no domínio da direção.

A partir de 1887, ele realiza no Teatro Livre espetáculos que são fruto da análise naturalista. Empenha-se em pôr em prática as transformações da representação que Zola chamava de seus anseios: busca de uma exatidão minuciosa na imitação da realidade; trabalho sobre a representação do ator, do qual tenta eliminar os artifícios para fazê-lo atingir um "natural", a uma "cotidianidade" conforme à verdade dos modelos levados ao palco; reforma da iluminação (é verdade, reclamada já há muito tempo, mas que se chocava com o espírito de rotina dos diretores de salas de teatro e diretores de espetáculos); renovação da cenografia integrando objetos e materiais diretamente tirados da realidade de maneira a prescindir dos habituais truques ilusionistas... O exemplo paradigmático dessa vontade de deslocar as fronteiras que separa a realidade do campo da representação, de torná-los no fundo difusas, será *Os açougueiros*, de Fernand Icres (1888). Menciona-se bastante essa realização de Antoine, não sem alguma condescendência a respeito da pretensa "ingenuidade" do diretor. Imaginem! Ele havia decidido suprimir os acessórios tradicionais de cartolina mole e substituí-los por verdadeiras carcaças de carneiro, por "verdadeiros" pedaços de carne expostos no balcão do açougue que é o ambiente da peça!

Provavelmente Zola, em seus requisitos, não ia tão longe. Mas Antoine era certamente menos "ingênuo" do que se dizia. Sabia que a confusão do fictício e do real e que o mimetismo integral no teatro definem uma utopia. Que o próprio da utopia é nunca se realizar. O problema é que, ao misturar as fronteiras, ao injetar, na imagem cênica, o real em estado bruto, ele expandia o campo referenciado da teatralidade e oferecia ao espectador algo como uma nova vertigem, a perturbação excitante da incerteza... O século XX, através das buscas mais antagônicas, e freqüentemente as mais afastadas do naturalismo, não será capaz de se lembrar que o real também pode se tornar teatro. E que tem uma "presença", como se diz, de extraordinária intensidade!

O interesse da direção naturalista é que no fundo ela não designou claramente seu objetivo: acreditando que estava simplesmente desenvolvendo a arte do mimetismo, melhorando as técnicas de reprodução do real, ela desloca insidiosamente a vocação da representação. O teatro não é mais apenas o lugar de uma ilusão mais ou menos "perfeita". Torna-se um espaço de alucinação. O espectador acredita que está deixando o real na porta do teatro. O real o alcança no cerne do espetáculo e o lança na deliciosa confusão de uma percepção sem referências estáveis.

Mais que a exatidão "científica" da reprodução antecipada para justificar as mutações dramatúrgicas e cênicas que preconiza, é a busca dessa vertigem que é o sonho secreto do teatro naturalista. E foi ele que fez sua modernidade. Em 1879, a adaptação para o palco de *A taberna* é um triunfo. E Zola assim comenta a encenação do oitavo quadro:

> É o quadro que prefiro. Todas as minhas idéias estão aí, nessa reprodução exata da vida. Os atores não representam mais, vivem seus papéis. A encenação é uma maravilha de verdade; aqueles homens que entram, que saem, que consomem sentados em mesas ou em pé no balcão, nos transportam para um verdadeiro botequim. (Prefácio de *A taberna*)

■ *Stanislavski*

No final do século, na Rússia, Stanislavski põe em prática, com uma mistura de rigor exigente e sensibilidade poética, uma teoria da representação que deve muito ao ideal naturalista. Ela se enraíza em uma experiência múltipla. Stanislavski foi sucessiva ou simultaneamente ator e diretor, diretor de companhia e pedagogo.

Ele aperfeiçoou um "método", o "Sistema", que revoluciona a arte do ator e as técnicas de interpretação dos papéis. Sua influência será notável no teatro ocidental, mas desigualmente distribuída. Os países anglo-saxões serão incontestavelmente mais receptivos a seu ensino que os países de tradição latina. Por exemplo, nos Estados Unidos, o famoso Actor's Studio, onde estudarão os melhores intérpretes americanos, é um centro de autoformação fortemente impregnado, em sua origem, pelas teses e orientações metodológicas da escola stanislavskiana. Na França, são os diretores (que com freqüência são também pedagogos) de ascendência ou de cultura eslavas que irão contribuir na difusão de suas idéias sobre a representação do ator e das técnicas através das quais estas podem ser realizadas, em particular Georges e Ludmilla Pitoëff no entre-guerras; mais tarde, depois de 1945, Tania Balachova, Michel Vitold e, atualmente, Peter Brook ou Antoine Vitez...

Como diretor, Stanislavski atualiza a teoria naturalista em realizações de rara perfeição. O diretor, a seus olhos, é responsável pela coerência global da representação da articulação significativa de tudo que contribui para ela. Não há detalhe desprezível. A forma e a matéria do menor objeto têm um potencial de sugestão e de emoção que justifica que lhe dediquem o mesmo cuidado que aos elementos cênicos ou interpretativos que passam por essenciais.

Causa sensação ao utilizar as técnicas mais recentes. Tira partido dos novos recursos de iluminação para criar atmosferas de uma força arrebatadora. Brinca de boa vontade com o claro-escuro. Descobre os recursos expressivos dos efeitos sonoros, que põe em prática com uma grande preocupação de precisão e sofisticação, sobretudo em suas direções de Tchekov. Está montando um drama histórico? Consulta então os especialistas mais eminentes do período ou da civilização em questão, efetuando, ou mandando efetuar, pesquisas minuciosas, de um ponto de vista arqueológico, sobre os acessórios, seus materiais, os tecidos dos figurinos etc.

Ao mesmo tempo empírico e pragmático, Stanislavski inventa todo tipo de técnicas de treinamento do ator. Todas têm um objetivo comum: eliminar o formalismo e a mecanização da representação, romper com as rotinas, aniquilar os estereótipos. A seus olhos, não há interpretação digna desse nome senão irradiada por uma intensa vida interior. Eis por que confere tal peso a esses silêncios expressivos que sugerem um para-além do discurso e dos quais Tchekov faz um instrumento essencial de sua dramaturgia.

No mesmo espírito, explora todas as potencialidades expressivas que emanam do próprio corpo do ator. É o motivo de dar tanta importância à questão do *contato*: uma parte essencial da arte do ator consiste em tirar partido de tudo o que pode sugerir a relação do personagem com seu ambiente, sua maneira de olhar, de escutar, de evoluir em um espaço dado, de utilizar um objeto familiar, de se aproximar ou se afastar dos outros etc.

Não há tampouco, na concepção stanislavskiana, encarnação viva se não se encarrega de um duplo "vivido" que o ator deve se esforçar por fazer coincidir: o "vivido" imaginário do personagem e o "vivido" real do intérprete. Para fazer isso, Stanislavski não hesita em dotar protagonistas, comparsas e figurantes de "biografias" duplamente fictícias, uma vez que são uma construção imaginária aplicada a figuras que não deixam de sê-lo também! Quanto ao "vivido" real do ator, é mobilizado para assegurar a singularidade viva da interpretação. A dificuldade maior, no trabalho do ator, diz Stanislavski, é que ele deve lutar a cada noite contra tudo o que ameaça o frescor, o aflorar de sua interpretação, contra tudo que faz disso uma coisa morta: a rotina, o automatismo, a insinceridade etc. No caso, o problema se complica pelo fato de que o ator deve ao mesmo tempo provocar um desencadeamento de uma emoção que irá transfigurar sua encarnação e que mergulhará suas raízes em sua "memória afetiva", e tornar essa emoção perceptível e compreensível para o espectador. O que supõe um trabalho de formalização complexo e um controle constante de suas repercussões, tanto sobre o público como sobre o ator ou seus parceiros. Eis por que Stanislavski exige de seus atores uma autodisciplina aprofundada, um domínio de todas as técnicas corporais e vocais.

Uma vez adquirido esse domínio, o ator estará em condições de pôr em prática o que Stanislavski chama de *reviver*. O *reviver*, em sua terminologia, é a antítese do *representar*. O ator que "representa" se limita a utilizar formas batidas, convencionais dos estereótipos. O *reviver*, ao contrário, é o encontro de uma dada situação dramática e do passado íntimo do ator. Este se apropria totalmente da situação proposta pelo autor articulando-a a uma experiência vivida idêntica ou homóloga. Por exemplo, se representa um crime passional (Otelo), buscará encontrar nele a memória de um sofrimento passional superagudo... Com isso, a interpretação escapará aos lugares-comuns. Irá adquirir uma singularidade, uma autenticidade que darão ao espectador a sensação de uma urgência completamente nova ou, se preferirem, de um "natural" ainda nunca atingido. Uma vez mais, o gênio do homem de teatro consiste em deslocar as fronteiras entre o "real" e a "representação" e em expandir o campo desta última.

O palco naturalista: balanço e conseqüências

Claro, o palco naturalista oferece o flanco a um bom número de críticas. Será criticado por se perder na acumulação quase documentária ou pitoresca de efeitos de real que acabam por se chocar, se acavalar e falhar na função que lhes era atribuída. Mas sua exigência intrínseca, no que pode ter, a nossos olhos, de excessivamente minuciosa, deve ser recolocada — para ser corretamente avaliada — no contexto da época. Ela denuncia com efeito a falta de rigor dessas práticas banais que confundem bastante facilmente convenção e facticidade, estilização e estereótipo.

As aproximações em vigor, os pseudos *trompe-l'oeil* (espelhos pintados que não emitem nenhum reflexo, janelas que não se abrem, luares que parecem emanar do sol etc.) — tudo isso, graças à exigência naturalista, será cada vez menos tolerado.

E o debate fundamental será claramente formulado: o teatro seria incapaz de, ao mesmo tempo, pretender reproduzir o mundo de maneira "verídica" ou "realista" e se recusar a se interrogar sobre a validade e a eficácia das técnicas postas em prática para esse fim. Afirmar o caráter incontornável da convenção teatral não seria justificar insidiosamente a rotina de certas práticas?

O naturalismo terá fornecido novos instrumentos ao palco. Ironizou-se bastante o recurso ao objeto "verdadeiro". Mas, para além da ingenuidade mimética que parece revelar, ele gera, transformada em "acessório", uma teatralidade de força imprevisível. Brecht se lembrará disso e, depois dele, assim como observou Bernard Dort em 1964, o palco "se enche de materiais heteróclitos, farrapos de panos usados, fragmentos de objetos cotidianos tirados de algum desastre ... O mundo das coisas tem novamente acesso ao teatro. É claro que não são mais aqueles 'ambientes' muito bem imitados com que Antoine sonhava, mas ainda é um ambiente que significa nossa dependência em relação à sociedade, que nos informa imediatamente sobre nossa alienação. As obras não se desenrolam mais soberanamente em um *no man's land* poético; elas se enraízam em um mundo de ruínas, de produtos e de dejetos." ("Antoine, o patrono", in *Teatro público*).

Em definitivo, a fecundidade do pensamento naturalista situa-se menos no plano da dramaturgia que ela não soube verdadeiramente renovar do que no da representação. É nisso que talvez esteja a primeira teoria do teatro moderno. Ela afirma de fato o que nenhuma reflexão posterior, por mais diferente que tenha sido sua inspiração, poderá mais esquecer: pensar o teatro não é apenas pensar a problemática da escrita dramática, é interrogar as condições e a finalidade da representação, é transformar as técnicas que contribuem para isso, deslocar as fronteiras estabelecidas que separam dois universos para sempre complementares, porém irredutíveis um ao outro, o "real" e o "representado". E, ao fazê-lo, testemunhar, para retomar a célebre fórmula de André Breton, que essa demarcação movente é um "limite, não uma fronteira"...

5. Devaneios simbolistas

A palavra contra o palco

A coercitiva mimese naturalista vai se ressentir e ser denunciada, por alguns, como um grilhão inescapável. O combate é travado por intelectuais, poetas adeptos de uma visão de mundo que superpõe teses ocultistas, idealismo schopenhauriano e uma espécie de neoplatonismo. Para eles, a realidade sensível não é senão a aparente alusão a uma realidade espiritual superior. A partir disso, o esforço empenhado pela arte teatral para reproduzir de maneira meticulosa a primeira perdia a seus olhos qualquer espécie de significação. A vocação do criador, para os simbolistas, é empenhar-se em decifrar os sinais e as correspondências através dos quais o mundo reflete esse para-além e nos permite comunicar com ele.

No domínio teatral, a difusão dessas idéias permanece confinada a pequenos cenáculos que, na contracorrente das pesquisas de Antoine e dos diretores contemporâneos, proclamam a absoluta supremacia da palavra poética. Esta, dizem, é o único *medium* suscetível de nos colocar em contato com o mundo das essências. E só precisa de um espaço nu e de uma voz para ser transmitida do autor para o espectador. Tudo o que vem embaralhar essa comunicação e distrair dessa comunhão deve ser proscrito. Sobretudo o aparato material que entulha o palco naturalista.

■ *A concepção simbolista da representação*

Infelizmente não houve texto doutrinário expondo sistematicamente a concepção simbolista da representação. Aqui e ali, alguns artigos esboçaram a iniciativa sob forma de textos justapostos.[7] Mas nenhuma crítica, nenhum poeta adepto desse movimento teve vontade ou possibilidade de se entregar a uma análise sistemática das implicações que o pensamento simbolista deveria ter sobre a escrita dramática ou a prática da representação.

No entanto, o simbolismo introduzia na arte teatral um fermento de mutação capital. Pela primeira vez desde o classicismo, a representação se via desligada da obrigação mimética e da sujeição a um modelo inspirado no real. Essa afirmação de uma autonomia da imagem cênica em relação à realidade e à verdade ia permitir ao século XX repensar integralmente sua concepção e sua prática do teatro, quaisquer que fossem, mais tarde, as soluções adotadas.

A noção de *símbolo* que o teatro francês tinha ignorado desde o fim dos mistérios medievais permitia redefinir o status da imagem cênica. Eis por que devemos lamentar que não se tenha encontrado nenhum pensador para elaborar uma teoria do símbolo no teatro. Talvez o prestígio das realizações wagnerianas em Bayreuth tenha contribuído para inibir, nesse momento, o pensamento teórico francês. Em todo caso, é à luz da dramaturgia wagneriana, da qual são admiradores incondicionais, que um Mauclair ou um Dujardin sonham com um teatro que encarnaria os grandes arquétipos através de figuras simbólicas que ultrapassam a escala humana comum.

Alguns simbolistas — a exemplo de Wagner com seu último "drama sagrado", *Parsifal* — aspiram a restituir ao teatro uma dimensão litúrgica que quase três séculos de mimetismo lhe haviam feito perder de vista. Para Maeterlinck ou Saint-Pol Roux, o palco deveria tornar-se, ou voltar a ser, o recinto de um cerimonial que remeteria a um divino ao mesmo tempo dissimulado e presente...

Deve-se no entanto admitir que, quanto a isso, permanecemos no estágio do devaneio, da aspiração vaga. Os simbolistas, em especial, não percebem um dos dados capitais do problema: para que um teatro sagrado possa existir, é preciso uma metafísica coletiva, comum ao palco e à platéia. Ora, é forçoso reconhecer que tal comunhão existente nos teatros tradicionais do Extremo Oriente, por exemplo, desapareceu completamente na sociedade laicizada da Europa do final do século XIX. Privados dessa base, os autores se entregam a uma criação individual, isto é, arbitrária, de símbolos que não emanam de nenhuma tradição coletiva. Com isso, a sacralidade degenera em hermetismo. O hiato era de tal modo visível, de tal modo evidente, que eles sentem a necessidade de acoplarem a suas obras uma espécie de receita, conferência preliminar ou texto anexo ao programa, para tentar atenuar esse inconveniente e tornar decifrável seu sistema simbólico.

Uma outra causa provavelmente contribuiu também para desviar os simbolistas de uma elaboração teórica sólida no domínio do teatro. Eles erigem como valor supremo, já o dissemos, a palavra poética. No palco, não vêem nem o lugar de uma ação dramática nem um espaço mais ou menos adaptado à materialização dessa palavra. E mais, essa concepção não se dá sem hesitação! Na mediação do palco, os simbolistas vêem antes um risco do que uma oportunidade. Com Maeterlinck, estimam que a encarnação do teatro resulta em um adensamento, uma materialização que degrada a poesia. O texto lido e sonhado pelo leitor será sempre incomparavelmente mais belo que sua representação. A experiência do palco, nessas condições, é, poder-se-ia dizer, decepcionante por definição.

Decepcionante e perigosa! A conseqüência dessa desconfiança é, em primeiro lugar, a teoria simbolista da representação. A encarnação cênica é percebida como uma ameaça para o verbo poético. As buscas simbolistas podem então ser assimiladas a uma iniciativa de proteção e de salvaguarda desse verbo. Elas preconizam medidas de eliminação ou, pelo menos, de limitação. O que explica sua recusa de entulhamento do palco a que haviam chegado a tradição do século XIX em matéria de encenação e, por outros caminhos, a minúcia da mimese naturalista.

Certas fórmulas do discurso simbolista exprimem claramente essa vontade de promover como valor supremo e exclusivo a palavra do poeta e, concorrentemente, de desvalorizar, se não eliminar, todos os outros elementos constitutivos da teatralidade. Pierre Quillard:

> Em lugar de cenários exatos em que a carne sangra nos ganchos dos açougueiros,[8] basta que a encenação não perturbe a ilusão. A palavra cria o cenário, assim como todo o resto. (*Da absoluta inutilidade da encenação exata*, 1891)

■ *O simbolismo e a encenação*

Hostil a qualquer desdobramento cenográfico, o teatro simbolista pretende renunciar à maioria das aquisições técnicas herdadas dos dois últimos séculos. No essencial, irá se limitar a marcar, o mais ligeiramente possível, a estrutura de um espaço. "Algumas bambolinas móveis" (Quillard) deveriam bastar para ocupá-lo. O objetivo permanece o de evitar qualquer interferência, visual sobretudo, que pudesse prejudicar a comunhão poética, a irradiação da palavra na imaginação devaneadora do espectador. Os simbolistas chegam a dar uma definição nova da encenação: ela não deve se materializar; é "o livre jogo da imaginação" do espectador que, mobilizado pelo canto das palavras, irá elaborá-la. Ao palco basta fornecer, discretamente, algumas referências. Elas balizarão o devaneio criador de cada um.

Nova ascese? Para além da posição de princípio da qual decorria, talvez fosse necessário levar em conta duas determinações inerentes a esse teatro. Arte elitista, confidencial, ele se via submetido a estritas coerções econômicas. Excluir o espetacular, e mesmo o espetáculo, significa não ter que resolver o problema de seu financiamento. Por outro lado, a visão simbolista recusava qualquer determinação histórica ou geográfica do lugar da ação que indevidamente valorizasse as aparências materiais. Mas a acronia e a atopia só podem ser representadas por um palco vazio ou — mas para isso seria necessária a soberba ironia de Jarry — por uma cenografia qualquer!

> O pano desvela um cenário [para *Ubu rei*] que pretende representar Lugar Nenhum, com árvores ao pé das camas, neve branca em um céu bem azul, ainda mais que a ação se passa na Polônia, país bem lendário e desmembrado para ser esse Lugar Nenhum ..." (*Outra apresentação de* Ubu rei, 1896)

Jarry, no fundo passa a ridicularizar o que muito rapidamente havia se tornado um lugar-comum do teatro simbolista: *A menina de mãos cortadas*, de Pierre Quillard, se passava "em qualquer lugar e de preferência na Idade Média" (1891). Maeterlinck, para *Pelléas et Mélisande* (1892), mostra a mesma indiferença a respeito de qualquer determinação cenográfica. A ação se divide em 19 quadros, portanto no mesmo número de lugares diferentes, mas o autor ficará bastante satisfeito com "dois cenários de imprecisão, dois tipos de rotunda", que, para permanecerem polivalentes, não poderão figurar nada de particular. Nenhum acessório, nenhum mobiliário, apenas um simples jogo de nuances coloridas que criarão uma atmosfera de acordo com o quadro representado...

■ *O simbolismo e o ator*

Os simbolistas mostram desconfiança análoga em relação ao ator. É que lhe cabe, nesse teatro, proferir a palavra do poeta. Nada mais, nada menos! Proferir quer dizer também encarnar, materializar. O ator é sempre mais ou menos culpado! Através das vibrações, seu sinal particular, as entonações mais ou menos aproximativamente calculadas de seu órgão vocal, ele torna espessa, degrada a pureza do verbo e seu poder de irradiação. Maeterlinck, sobretudo, mostra uma hostilidade sem trégua a respeito da intrusão do ator sobre o palco:

> Mas eis que o ator avança para o meio do símbolo. Imediatamente se produz, em relação ao sujeito passivo do poema, um extraordinário fenômeno de polarização ... o acidente destruiu o símbolo, e a obra-prima em sua essência morreu durante o tempo dessa presença e de seus rastros.

Mallarmé, Jarry e a maioria dos simbolistas estacionam nessa posição... Ao mesmo tempo, estão bem conscientes de que a supressão do ator consumaria o fim do teatro. Vão então buscar soluções apropriadas a aprisioná-lo em uma estrita rede de coerções estéticas, de maneira a amenizar o peso mimético de sua presença física e seus vícios de atuação. Jarry, por exemplo, propõe uma irrealização do gestual, uma dicção salmódica e um retorno à máscara. Maneira de arrancar o ator de sua humanidade cotidiana!

> Desnecessário dizer que é preciso que o ator tenha uma *voz* especial, que é a voz do papel, como se a cavidade da boca da máscara não pudesse emitir senão o que dissesse a máscara, como se os músculos de seus lábios fossem maleáveis. E é melhor que não sejam maleáveis, e que a fala seja monótona ao longo de toda a peça. (*Da inutilidade do teatro no teatro*, 1896)

Outros pretendem cindir utilização da voz e representação dramática confiando o proferimento do texto a um recitador que se manteria impassível nas margens do palco. Maeterlinck, enfim, fiel a seu radicalismo, preconiza a substituição do ator por um duplo mecânico, "um ser que teria as aparências da vida sem ter vida", em suma o que Craig, alguns anos mais tarde, designará com o nome de "Supermarionete". Voltaremos a isso.

Paradoxais, mas no fundo lógicos consigo mesmos, certos simbolistas preconizam... a supressão da representação! A leitura exclusiva, dizem, proporciona os mesmos atrativos sem ter nenhum de seus inconvenientes, uma vez que o sonho que deve emanar da fala não se rompe mais com a materialidade dos cenários, rostos ou mesmo a voz do ator (Mallarmé, Maeterlink...)

Há algo de fascinante em se assistir à elaboração de uma teoria do teatro que repousa em sua condenação e que deveria resultar, seguindo a lógica, em seu desaparecimento puro e simples! Essa negatividade fundadora provavelmente explica por que o simbolismo nunca conseguirá formular um corpo de doutrina explícito e coerente: podia ele elaborar um modelo teatral sobre a tripla exclusão do que determina a teatralidade: a cenografia, o ator e a representação?

A função do teatro simbolista, mesmo reduzida ao contato íntimo da leitura, se define por oposição à ambição dos naturalistas. Estes vêem na representação um meio de mostrar o real, analisá-lo, fazê-lo ser compreendido. Já o palco simbolista visa promover o sonho. Este é no fundo o único parâmetro positivo a partir do qual se esboça uma teoria: se os instrumentos do palco favorecem a materialização desse onirismo (pela criação de uma atmosfera apropriada, por exemplo), conferem legitimidade à representação. Se, ao contrário, estima-se que sua materialidade, sua densidade ou sua inadequação a ela se opõem, então é melhor um teatro sem representação!

Fecundidade de uma teoria paradoxal

O menor paradoxo dessa teoria paradoxal certamente não é uma produção fecunda que vá se repercutir ao longo de todo o século XX. Pois uma boa parte das buscas mais inovadoras irão se nutrir dessa condenação do teatro ou de seus elementos constitutivos!

Decerto um grande número de tentativas teatrais dos simbolistas não resistiu à prova do tempo. Todavia, a música de Debussy, em 1902, permite ao *Pelléas et Mélisande* de Maeterlinck (e bem à revelia dele!) impor-se como um dos maiores dramas líricos franceses, e como um dos mais fascinantes por seu mistério. Outras óperas demonstram que a música talvez fosse a única materialidade que tal teatro podia admitir: *Ariane e Barba-Azul*, de Paul Dukas, inspirada em outra peça de Maeterlinck (1907), e até mesmo *O castelo do Barba-Azul* do compositor húngaro Bartok (1918).

Em outro plano, veremos que um bom número dos autores, teóricos e diretores do século XX deve alguma coisa ao pensamento simbolista. O "novo teatro" dos anos 1950-60 com Beckett e Ionesco se situa manifestamente no contexto do simbolismo.

O inglês Gordon Craig, que excomunga o teatro de sua época e sonha com uma liturgia do palco de onde o ator seria excluído e substituído pela Supermarionete, também deve muito à "teatralogia" simbolista. De Copeau a Vilar, os maiores diretores franceses insistirão na necessidade de libertar a imaginação do espectador e velar para que a materialidade da representação não a iniba. Sonhar com o quê, se tudo é mostrado? Daí as famosas cortinas pretas, o imenso ciclorama azul e o palco animado apenas pela iluminação, o que definirá, nos anos 1950, o "estilo TNP" de Vilar (as dimensões do palco de Chaillot impediam, é verdade, qualquer outra solução, sobretudo o recurso ao tradicional cenário construído).

6. O teatro a serviço do povo

O aristotelismo definia um teatro elitista. Estava voltado para celebrar, portanto para perpetuar, os valores aristocráticos e, sobretudo, a ideologia monarquista. Mas a partir do século XVIII, como vimos, a corrente filosófica sustentada pela ascensão socioeconômica da burguesia empenha-se em reorientar esse elitismo e a transformar suas bases.

A permanente hostilidade que a Igreja manifesta em relação ao teatro não contribuiu pouco para a afirmação, por outro campo, de um dogma, o de sua utilidade. Utilidade moral e psicológica da catarse. Utilidade social do enternecimento sobre a virtude. Utilidade política, enfim, de representações apropriadas a favorecerem a formação do cidadão.

A Revolução de 1789 assume essa herança. Os protagonistas do drama estrondoso representado na França durante uma dezena de anos mandam-se uns aos outros para a guilhotina. Mas eles concordam pelo menos em um ponto: o teatro pode e deve ser posto a serviço da causa do momento (celebração dos acontecimentos fundadores de um mundo novo, culto dos heróis que os permitiram, execração das encarnações do Mal — tiranos, traidores, inimigos da pátria etc). É que todo mundo está consciente da fascinação que ele exerce nos públicos mais diversos.

Nessa perspectiva, é atribuída ao teatro uma tripla missão:

- *esclarecer*, isto é, levar o espectador-cidadão a uma tomada de consciência (de seus interesses, de seus valores, de suas aspirações etc.);
- *celebrar*, isto é, dar a conhecer e compreender os grandes acontecimentos que ritmam a vida da nação ou os grandes homens que se sacrificaram por ela;
- *estruturar*, isto é, forjar a unidade nacional, desenvolver o sentimento de uma identidade coletiva, a adesão a um sistema de valores comum.

No século XIX, e sobretudo depois de 1875, com o advento da Terceira República, a corrente socialista está de vento em popa. A *débâcle* de 1870, o caso Dreyfus, diversos escândalos contribuem para legitimar e popularizar suas reivindicações. Com a Revolução de 1789, essa corrente pega emprestada a convicção de que o teatro pode e deve ser uma escola de civismo.

Ressurgências teóricas e práticas novas

Em 1895, Maurice Pottecher cria em Bussang, nos Vosges, o primeiro Teatro do Povo. Experiência inovadora que, com os anos, se tornará tradição regional. Além de seu caráter inaugural, é preciso atentar para seus fundamentos teóricos, que vão estruturar um debate jamais verdadeiramente concluído sobre o tema das relações entre o teatro e o povo.

Inicialmente, Maurice se desvia do grande repertório dos séculos passados ou do tempo presente. Um teatro assim, diz, havia sido concebido visando um público que não é o seu. Opta então por forjar obras novas adaptadas a um novo objetivo.

Intelectuais, escritores (Emile Zola, Octave Mirbeau, Anatole France, Romain Rolland...) militam a fim de obter que o Estado sustente material e politicamente a iniciativa. Em vão. Ao mesmo tempo se interessam por experiências análogas ensaiadas nos países vizinhos, particularmente em Bruxelas, Berlim e Viena.

Desse fervilhamento surgem alguns pontos de doutrina que não vão mais cessar de irrigar a, ou melhor as, teoria(s) que pretendem determinar as condições de funcionamento de um teatro popular.

Terá de ser um teatro capaz de recusar a lei do lucro. Por conseguinte, para sobreviver e se desenvolver deverá se apoiar em um financiamento constante do Estado.

Terá de ser um teatro profissional. Em outras palavras, reivindica a instauração de companhias estáveis constituídas de uma equipe (atores, pessoal técnico diversificado etc.) remunerada não pela bilheteria, mas mensalmente.

Terá de ser um teatro que se empenhe em ir além de um contato ocasional e superficial com o público. Eis por que buscará "fixá-lo", "fidelizá-lo" por diversos meios, em particular por meio de assinaturas.

Essa reflexão teórica é materializada em práticas diversas. No mais das vezes são experiências tentadas em condições precárias e que esbarram no problema do financiamento: Teatro Cívico (1897), Teatro da Cooperação das Idéias (1899), Teatro do Povo (1903) etc. Seus líderes irão se esforçar por manter a modicidade dos preços dos lugares, estimular a multiplicação das assinaturas escalonando seu pagamento. Mas às inevitáveis dificuldades financeiras acrescenta-se a desconfiança imprevista do público visado, que imputa a modicidade dos preços a uma suposta mediocridade dos espetáculos.

Em 1903, Romain Rolland faz o balanço dessas tentativas em seu ensaio *O teatro do povo*. Contra ventos e marés, diz ele, elas demonstraram a possibilidade de realizar uma utopia, "uma arte nova para um mundo novo". Revelaram a necessidade de uma dupla ruptura. Em primeiro lugar, com o repertório existente, que, por sua forma, linguagem e temas, não seria capaz de "falar" a um público estranho às tradições culturais do teatro. Depois, com a sala dita à italiana, que é um espaço concebido para a aristocracia e a burguesia, em função de seus valores e das formas dramáticas por elas privilegiadas. É preciso então inventar simultaneamente uma dramaturgia nova e um novo espaço. Fundar um teatro épico que se desdobrará em um espaço *ad hoc*, aberto e capaz de conter "as ações de um povo".

De uma guerra a outra

Por entusiasmo, a ator e diretor Firmin Gémier havia aderido a essas teses. Tomara a iniciativa de montar espetáculos centrados não mais sobre o indivíduo (protagonista, vedete ou espectador), mas sobre massas (atores, figurantes, públicos). Teatro em espelho em que o entusiasmo de uns devia acarretar a participação dos outros, sobretudo pela música e o canto.

Em 1911, Gémier cria o Teatro Nacional Ambulante. Com ele, roda as províncias. Transporta não apenas a companhia e a equipe técnica, mas uma sala desmontável de 1.650 lugares. Acolhida calorosa em quase toda a parte. Porém, mais uma vez, a realidade econômica triunfa sobre o idealismo. Seu preço de custo excede em muito os lucros registrados, de maneira que Gémier, em 1913, é obrigado a desistir da iniciativa.

Logo depois de 1918, Gémier continua a militar por um teatro monumental festivo, espetacular, que se desenvolva fora das salas tradicionais. Em 1920, o Estado lhe oferece a direção do primeiro Teatro Nacional Popular, que se instala no Trocadéro. A sala tem mais de 5.000 lugares. Ali vai tentar esboçar afrescos da história. Mas rapidamente avalia os inconvenientes e os limites dessa hipertrofia que era a herança das festas e celebrações da época revolucionária.

Jacques Copeau, que voltaremos a encontrar a propósito das teorias do texto (cf. infra, p. 133), também se interessa por essa dupla exploração. Admite que a reunião de um público novo deveria permitir a fundação de um novo tipo de dramaturgia e de uma nova estética do palco. Mas matiza sua adesão com uma exigência intelectual que o leva a refutar certos pontos da doutrina. Por exemplo, tal como Jean Vilar mais tarde, recusa-se a excluir de um teatro popular as obras-primas do passado. Mesmo que não tenham sido concebidas para seu uso, o "povo" tem direito a descobri-las, a extrair delas prazer e benefício. Copeau, por outro lado, recusa a oposição mais do que estabelecida entre um teatro dito de pesquisa, que seria reservado a uma elite de "conhecedores", e espetáculos de massas presos a uma estética da festa e do quadro vivo.

Copeau irá desenvolver um corpo de doutrina que dará seus frutos depois de 1945 e regerá duradouramente a política francesa: necessidade de um intervencionismo sistemático do Estado na organização e financiamento desse teatro, necessidade de instituir uma rede de salas e companhias implantada em todas as regiões da França, necessidade de sustentar o empreendimento com a instituição de festivais que devem lhe servir de caixas de ressonância etc.[9]

As experiências alemãs e soviéticas dos anos 1920 vão impelir um vento novo sobre o pensamento teórico. Em primeiro lugar, ao recusar a oposição, imputada ao "humanismo burguês", da *pedagogia* e da *propaganda*. Não existe teatro popular que não seja revolucionário, proclama-se. Isso supõe que sejam reabilitadas as noções de *militância*, portanto de *propaganda*. A função desse teatro deve ser a de incitar o povo a aderir a uma causa, a apoiar as idéias e o partido que trabalham a favor dessa causa. Em seguida, é colocada em termos radicais a questão dos conteúdos, das formas, da prática e da articulação dessas três problemáticas. O teatro revolucionário só veiculará um conteúdo revolucionário se for capaz de abandonar as tradições estéticas do teatro "burguês". Tais são as bases doutrinais do teatro dito de *agit-prop* que se desenvolve em ligação com os partidos comunistas. Em 1932-33, Léon Moussinac, com seu Teatro Internacional Operário, tenta pôr em prática teses desenvolvidas por Meyerhold na URSS e por Brecht na Alemanha.

A partir de 1933, a escalada dos fascismos europeus e a sensação de urgência levam a uma reaproximação com intelectuais e artistas para além das habituais divisões político-ideológicas. Essa reaproximação é observada em todos os planos: a Frente Popular reúne as forças de esquerda, porém os diretores do Cartel (Baty, Dullin, Jouvet e Pitoëff), com inveja de sua independência artística, colaboram com teatros apadrinhados pelo Partido Comunista.

Entre 1933 e 1936, o Grupo Outubro reúne cineastas (Yves Allégret e outros), atores (Jean-Louis Barrault, Roger Blin etc.), escritores (os irmãos Prévert) animados por um ideal comum antifascista. Jacques Prévert passara pelo surrealismo. Tira dele uma inspiração corrosiva que lhe permite escrever esquetes satíricos ou burlescos de uma grande liberdade de execução e de inegável eficácia. O público lhe garante um sucesso significativo.

Assim, às vésperas da Segunda Guerra Mundial, a teoria do teatro popular, em contato com essas experiências variadas, devia questionar uma certa forma de angelismo. O entusiasmo e o desinteresse não bastam para garantir o equilíbrio das contas. O público não é conquistado previamente. Ele não vai ao teatro, mas adere às tradições predominantes. Trata-se da descoberta, pelo pessoal de teatro, da alienação! Finalmente, é preciso contar com a concorrência das distrações "fáceis" (*chansonniers*, operetas...) ou manifestações não-teatrais (cinema, lutas de boxe...). De modo que começa a se impor uma conclusão. Realista, se não pessimista: o teatro popular não pode preceder a transformação da sociedade. Pode apenas ser resultado dela.

No outono de 1938, o Estado pedira um relatório sobre esse tema a Charles Dullin, um dos quatro mosqueteiros do Cartel. Nele, Dullin desenvolvia três temas que estariam sempre presentes na ordem do dia:

> 1. Um teatro popular deve ser *descentralizado*. Deve contribuir para restabelecer o equilíbrio, na prática, entre uma província completamente anêmica e uma capital que detém o monopólio das atividades culturais;
> 2. Deve se apoiar em companhias profissionais estáveis compreendendo por volta de 25 atores e um enquadramento técnico e administrativo apropriado;
> 3. Deve recusar o antagonismo entre teatro popular e teatro inovador, quer se trate da escolha dos textos ou da concepção das encenações. Cair nessa armadilha é se condenar ao academicismo e à mediocridade.

Pouco a pouco se desenhavam as grandes linhas de uma política global coerente em matéria de teatro popular. As dificuldades econômicas e políticas consecutivas à guerra iam retardar momentaneamente sua aplicação. Mas, no plano das idéias, tudo estava pronto. Só a paz não compareceu ao encontro...

Jean Vilar: um ideal, uma teoria, uma obra

No entusiasmo do dia seguinte ao pós-guerra, os homens de teatro decidem se empenhar, sem mais demora, na realização de um teatro em conformidade com as reflexões e idéias que haviam se afirmado nas décadas precedentes. Influenciado pelas teses de Copeau, Jean Dasté instala-se em Grenoble (1945), depois em Saint-Etienne (1947). Novidade notável: obtém o apoio conjunto do Estado e da municipalidade. Mencionemos ainda a criação do Grenier de Toulouse [Celeiro de Toulouse], que irá se tornar, em 1949, o Centro Dramático do Sudoeste, e o da Comédia da Provence, instalada em Aix e dirigida pelo prestigiado Gaston Baty.

Para além de diferenças importantes na ordem das escolhas estéticas, esses animadores põem em prática as principais teses que então constituíam a teoria do teatro popular:

1. apóiam-se em uma companhia fixa e em um porto seguro em torno do qual gravitam;
2. recebem subvenções do Estado e das municipalidades que os acolhem Esse dualismo não irá imperar, aliás, sem provocar atritos, devidos particularmente ao fato de que os edis locais exercem de bom grado pressões e chantagens financeiras para impor escolhas ideológicas e estéticas que estão longe de pecar por um modernismo radical;
3. são o mais freqüentemente orientadas por uma política de repertório (os grandes clássicos franceses e estrangeiros; as obras modernas "reconhecidas"). Esta política corresponde à formação e ao gosto dos diretores em questão. Permite também contornar a desconfiança geralmente suscitada pelo desconhecido (autor, peça etc.) junto ao público prioritariamente alvo;
4. empreendem uma política dinâmica de tomada de contato e de "fidelização" desse novo público. Para fazê-lo, apóiam-se em estruturas existentes: associações, sindicatos, movimentos educativos e culturais, estabelecimentos de ensino secundário e superior etc.

Em retrospecto, não podemos mais duvidar de que a obra de Jean Vilar constitui uma das páginas mais brilhantes da história do teatro francês do pós-guerra e da história do teatro popular. E no entanto Vilar não se apóia em um corpo de doutrina original. Ele é um admirador do Cartel e um aluno de Dullin, e são suas teses que vão reger o que será chamado de "estilo TNP".

As escolhas de Vilar procedem de uma dupla vontade:

- abrir o teatro a um público novo;
- fazer os grandes textos brilharem sem sufocá-los sob o decorativo e o embelezamento.

Mesmo nesse aspecto, ele não demonstra real originalidade. Com seu gênio próprio e seu rigor estético, põe em prática propostas articuladas pela maioria dos teóricos do teatro popular.

■ *O Festival de Avignon*

Ao ser criado, em 1947, o Festival de Avignon (a idéia vem de Copeau, cf. supra, p. 129), o empreendimento parece ousado para todo mundo e provavelmente para o próprio Vilar. O objetivo é inventar um outro espaço teatral e, a partir daí, uma estética nova para um novo público, longe de Paris, de suas salas à italiana e de seus amadores "esclarecidos"...

Um outro lugar: o pátio dos palácios dos papas escolhido por Vilar para apresentar seus espetáculos é um espaço ao ar livre dominado pelo que virá se tornar o famoso "Muro". Um ambiente tão monumental impede o realismo *à la* século XIX, o cenário construído, o mimetismo minucioso... Impõe também a escolha de um repertório adequado à sua grandeza arquitetônica, Shakespeare em lugar de Labiche.

Um outro público: é o das férias de verão, do sol, do mediterrâneo. Uma multidão juvenil, entusiasta, disponível, indiferente aos rituais e aos *a priori* do parisianismo.

Uma outra estética: a prática de Vilar, ao levar em conta as coerções impostas pelo lugar, concentra-se no ator. Este se torna o coração vivo da representação. O espaço lhe é oferecido praticamente vazio, a ele cabendo dar-lhe vida com auxílio das manchas luminosas dos figurinos, do jogo de iluminação, da discreta estruturação do tablado.

A idéia-mestra de Vilar é inventar um teatro socialmente unificador. Sabemos que o teatro à italiana, herdado do século XVII, mantém e exibe as divisões socioculturais: os "camarotes" são separados da orquestra ou do "poleiro"; o palco é separado da platéia; os atores, dos espectadores... O objetivo do Festival, que irá se tornar quatro anos mais tarde o do TNP, será reunir todas as categorias sociais "nos assentos da comunhão dramática". Brecht, depois Sartre, irão denunciar essa ilusão. A unificação do público, dizem, deriva do angelismo. É claro que o banqueiro poderá ficar ao lado do operário durante duas horas; não será por isso que deixará de ser banqueiro, e em nenhum instante renunciará à sua ideologia de banqueiro. Essa unificação contribuirá sobretudo, de maneira ambígua, para impor às categorias populares os valores burgueses dominantes... Vilar em vão irá retorquir que o teatro sozinho seria incapaz tanto de fazer a revolução como de transformar a sociedade!

■ *Jean Vilar e o TNP*

Em 1951, o Festival de Avignon tornou-se um sucesso incontestável. O governo oferece então a Vilar assumir a direção do primeiro TNP (Teatro Nacional Popular) instalado no Palais de Chaillot. Até 1963, data em que Vilar decide não pedir renovação de seu mandato, ele põe em prática as grandes linhas de uma política de teatro popular.

Seguindo o ideal de Copeau, ele se recusa a renunciar às obras do "grande" repertório, mas expande sua definição — ao revelar textos estrangeiros, até então praticamente desconhecidos na França (Kleist, *O príncipe de Homburg*; Büchner, *A morte de Danton*...), obras modernas (Brecht, *Mãe Coragem*, *A resistível ascensão de Arturo Ui*...), até mesmo contemporâneas (Pichette, *Nuclea*...). A esse respeito, não se deve dissimular que Vilar esbarrou em uma dupla dificuldade: era-lhe necessário ao mesmo tempo descobrir textos novos adaptados às dimensões excessivas de Chaillot e à sua estética própria, e ao mesmo tempo vencer a desconfiança de um público novato em relação a autores e obras desprovidos de reconhecimento institucional.

Esse teatro se pretende, na esteira de Romain Rolland, teatro de massa e liturgia cívica. Instaura uma espécie de comunhão estética na redescoberta de textos aos quais a estética de Vilar confere uma vibrante juventude: *O Cid*, *Don Juan*, *Macbeth*, *Antígona*, *Lorenzaccio* etc. Mas essa comunhão não exclui a reflexão sobre problemas sociais: a arma atômica (*Nuclea*); a especulação (*O fazedor*); a razão de Estado (*Antígona*); a escalada do fascismo (*A resistível ascensão de Arturo Ui*); as relações entre Justiça e Estado (*O alcaide de Zalamea*); a guerra e a paz (*A paz*) etc.

Finalmente, o TNP se afirma, em oposição ao teatro privado que deve se curvar a imperativos de rentabilidade a curto prazo, como um "serviço público". Graças à ajuda do Estado, corresponde a uma necessidade coletiva vital "assim como o gás, a água e a eletricidade".

Que essa necessidade seja reconhecida e assumida pelo Estado constitui uma guinada decisiva. A partir do final da guerra, sob o impulso de Jeanne Laurent, haviam sido instalados os primeiros Centros Dramáticos. O incontestável sucesso do TNP vai incitar o novo ministro da Cultura, André Malraux, a prosseguir e expandir essa política a partir de 1958, data do retorno do general de Gaulle ao poder. Assim, vemos, ao longo dos anos, instaurar-se uma rede complexa de instituições de difusão das artes, não apenas Centros Dramáticos mas também centros culturais que englobam em suas atividades as práticas mais diversas (cinema, dança, música, artes plásticas etc.).

Alguns irão questionar a ideologia dessa política. Sartre, depois os Jovens Turcos de 1968, proclamarão que esse público pretensamente popular permanece no final fundamentalmente burguês, tão reduzida é a proporção de operários ou camponeses que se deixam conquistar. Vilar em vão argumenta que é o eterno dilema do copo cheio ou vazio pela metade! Se nos referirmos a um ideal utópico, o fracasso é patente: a percentagem dos espectadores pertencentes ao proletariado das cidades ou dos campos é de fato muito fraca. O copo está vazio pela metade. Mas se tomarmos como base de cálculo a realidade sociológica do teatro francês logo depois da guerra, o êxito não é desprezível: por mais fraca que seja essa percentagem, representa um progresso em relação à situação que prevalecia anteriormente. O copo está cheio pela metade.

Um quarto de século de uma política jamais verdadeiramente questionada mostrou, aliás, que era um erro responsabilizar por isso os indivíduos ou a instituição. As condições de trabalho, as tradições socioculturais, a difusão, afinal de contas limitada, do conhecimento, da cultura, a concorrência de outras atividades de lazer, tudo isso faz com que nenhuma prática de teatro popular na França de hoje consiga superar um limiar de 6% de representantes das categorias mais desfavorecidas. O copo permanece para sempre cheio pela metade!

Leituras Recomendadas

HUGO, Victor. "Préface de *Cromwell*", in *Oeuvres complètes*, org. J. Massin, t.III, Paris, Club Français du Livre, 1967.

——. "Préfaces aux pièces de théâtre", ibid., t.III, IV, V, VI.

——. *William Shakespeare*, ibid., t.XII.

JARRY, Alfred. *Textes relatifs à Ubu Roi*, in *Oeuvres complètes*, org. M. Arrivé, t.I, Paris, Gallimard, col. de la Pléiade, 1972.

JOMARON, Jacqueline de (org.). *Le Théâtre en France*, vol.2, Paris, Armand Colin, 1989.

STENDHAL (Henry Beyle). *Racine et Shakespeare*, org. R. Fayolle, Paris, Garnier-Flammarion, 1970.

ZOLA, Émile. *Le Naturalisme ou théâtre*, in *Oeuvres complètes*, org. H. Mitterand, t.XI, Paris, Cercle du Livre Précieux, Paris, 1968.

IV. As Seis Tentações do Teatro

1. Do "poeta" ao diretor

Lancemos um olhar para trás: desde os primórdios do teatro moderno, isto é, desde os primeiros anos do século XVII, as teorias que se sucedem ou coexistem são elaboradas por uma casta de "intelectuais" (o termo, provavelmente, é anacrônico, mas cômodo...). Alguns são dramaturgos de primeiro plano (Corneille, Beaumarchais, Hugo...). Outros, criadores abortados, pelo menos no domínio do palco (Chapelain, d'Aubignac, Diderot, Stendhal...). Raros são aqueles que, de maneira espantosamente moderna, se situam na encruzilhada de todos os caminhos que conduzem ao teatro: Molière é ator e líder de companhia. É incontestavelmente diretor, mesmo que a palavra ainda não exista. É dramaturgo. E reflete sobre sua arte! Apenas um Brecht poderia, a esse respeito, lhe ser comparado...

Essa origem "intelectual" não deixa de ter incidência na própria orientação do pensamento teórico francês. A partir disso, ainda que os modelos por ela elaborados tendam a levar em conta uma problemática da representação (Diderot), sua intenção fundamental permanece a de redefinir as modalidades de uma escrita dramática. Esses modelos são "textocêntricos". São menos "teatralogias" do que "poéticas".

O modelo naturalista marca, provavelmente, uma guinada capital. Decerto traz a grife de um intelectual que é também criador: Zola. Mas, ao mesmo tempo, se nutre das reflexões e das pesquisas de um diretor no sentido moderno do termo: Antoine. O fundador do Teatro Livre é o primeiro que consegue se prevalecer de tal qualificação, não, mais uma vez, que tenha inventado a arte da direção, mas é o primeiro a pensar sistematicamente as práticas do palco como um conjunto integrado de instrumentos que devem concorrer para a criação de uma obra coerente: a *representação*.

A grande novidade de um século XX que, no domínio do teatro, começa com 20 anos de antecipação é que as teorias elaboradas pelos intelectuais e dramaturgos vão, se não desaparecer, pelo menos se ofuscar em benefício das dos praticantes do teatro. Artaud ou Brecht serão invocados. São incontestavelmente intelectuais, poetas, escritores. Mas têm também uma relação direta com o tablado. Um sabe o que quer dizer representar, e se as realizações foram pouco numerosas e nem sempre consumadas, as coerções econômicas da época estão aí para alguma coisa! O outro dispõe de uma companhia prestigiosa, o Berliner Ensemble, e afirma-se como um dos diretores mais exigentes e requintados de sua época.

Mas voltemos aos autores. Perto de três séculos de debates e de experiências lhes ensinaram a modéstia. Não visam mais dominar o teatro. Se teorizam, é para seu uso pessoal. Preocupam-se bem pouco se são seguidos ou imitados. Eis por que uma evocação mesmo sucinta desse campo teórico acabaria por coincidir com uma história da literatura dramática moderna. E não é certo que os reagrupamentos que se tentaram operar para ver com mais clareza sejam muito pertinentes (aqui Claudel em uma granítica solidão, ali nossos "moralistas" do palco, Giraudoux, Anouilh, um pouco mais longe o "novo teatro", Ionesco, Adamov, Beckett...). Diferentemente das épocas precedentes, o teatro do século XX tornou-se (relativamente) tolerante e (relativamente) acolhedor a todas as tentativas, portanto a todas as teorias. É que a noção de *pesquisa* tornou-se, graças ao desenvolvimento das ciências, a virtude cardeal que fascina os artistas. Virtude e às vezes confeitaria! E depois (sabemos isso desde Molière), no teatro, o público é definitivamente o único juiz do que quer que se faça ou diga. Mesmo quando — a frase é de Salacrou — não possui talento!

Esse individualismo teórico e essa pulverização dos modelos constituem um marco de época, mas também um limite. Além do fato de que a teorização se contenta muito bem com o implícito ou uma formulação elíptica (para explicitar o que é apenas de uso pessoal?), torna-se quase impossível falar, como se podia fazê-lo nas épocas precedentes, da elaboração de um modelo teórico. Se há "modelo", não se vê em nada como poderia ser imitado, salvo caindo no pastiche ou na paródia. Quem pretendesse se inspirar na "teoria" de Beckett ou de Marguerite Duras provavelmente não fabricaria senão subprodutos tão rapidamente esquecidos como representados! Viu-se claramente isso no momento em que a onda brechtiana, nos anos 1960, desencadeou-se no teatro francês, com o moralismo pontificando demais e a ironia de menos!

No fundo, o imperialismo teórico, a ambição de elaborar um modelo, ou pelo menos de afirmar um ideal do teatro, é por parte dos diretores que iremos reencontrá-los. E as transformações mais radicais que a arte teatral vai conhecer no século XX irão se dever às suas reflexões e às suas "pesquisas". E haverá "modelos"! O teatro dos anos 1960, acabamos de dizer, se pretendia "brechtiano". O dos anos 1970 se pretenderá "artaudiano"...

Talvez seja preciso sublinhar aqui uma singularidade, e provavelmente um mérito do século XX: nossa época se afirma *pluralista*. As doutrinas mais antagônicas passam simultaneamente pela prova do palco. Além disso, a *mestiçagem* torna-se uma tentação permanente de nossos diretores. É que eles encontram, na combinação de vários modelos, o espaço de uma liberdade e de uma renovação. Nos anos 1970, Ariane Mnouchkine empenha-se em colocar no mundo um teatro novo que seja o fruto do casamento de Artaud e de Brecht, ou seja, da água e do fogo! Essa tentação perdura em nossos dias através do recurso às tradições e técnicas não ocidentais, japonesas, chinesas, indianas..., como aliás já o preconizavam Artaud e Brecht (os Shakespeare do Théâtre du Soleil, o *Mahabharata* montado por Peter Brook...).

Nessas condições, seria cansativo e repetitivo evocar, seguindo a linha da cronologia, modelos que são incessantemente retomados, remoídos, transformados com a ajuda de outras teorias. Falar de um modelo Planchon é, *mutatis mutandis*, retornar ao de Brecht. Evocar as experiências do Living Theatre é repetir o sonho de Artaud...

Uma abordagem estritamente "nacional" concordava, grosso modo, com a situação do teatro dos séculos precedentes. De novo! Afinal de contas, as primeiras reflexões sobre Aristóteles e a invenção da ópera vinham da Itália. Os teóricos alemães alimentam o Romantismo francês. Mas, a partir dos anos 1880, ela se torna cada vez mais inadequada. Com o desenvolvimento das viagens, das turnês, depois dos festivais, o teatro se internacionaliza. Já mencionamos a grande influência de Brecht sobre a prática francesa dos anos 1960. Seria preciso evocar também uma influência americana, ao longo da década seguinte, com o Living Theatre, o Bread and Puppett, Bob Wilson. Ou as pesquisas polonesas de um Grotowski, ontem, e de um Kantor, hoje. Ou a corrente italiana com Strehler e Ronconi... Ou a direção alemã (Peter Stein, Klaus-Michael Grüber, Matthias Langhoff, Peter Zadek...). Tornou-se comum um diretor estrangeiro montar na França espetáculos franceses, ou seja, em língua francesa, com intérpretes franceses.[1] E um inglês como Peter Brook está baseado em Paris desde 1974. Com atores de todas as nacionalidades, Brook trabalha sobre textos do grande repertório ocidental (Shakespeare, Jarry, Tchekov...), mas também sobre tradições africanas (*Os Iks*, *O osso*), persas (*A conferência dos pássaros*), indianas (*O Mahabharata*). Há muito tempo existiu, em Paris, um Teatro das Nações. Existe hoje um Teatro da Europa... Em suma o cosmopolitismo tornou-se a marca própria do teatro francês contemporâneo.

Sem dissimular o que a iniciativa pode ter de ousada, para balizar essa fecundidade teatral vamos reagrupar tentativas variadas referindo-as a uma opção teórica comum. Tentativas e tentações!

Talvez transpareça um esquema teórico global, uma estrutura complexa e flexível desvelando os postulados essenciais do teatro moderno e também uma combinatória que dê mostras de sua capacidade de repercussão, de renovação criadora. A imagem que deveria vir ao espírito seria provavelmente a do caleidoscópio...

2. O teatro, servidor do texto

Será que a arte da direção descaracteriza o texto dramático, do qual pretende dar conta, por intermédio dos recursos próprios da representação? Trata-se provavelmente de uma discussão ociosa. Em todo caso, é tão antiga quanto o teatro! Já no século XVII Saint-Evremond deplorava que aquilo que ainda não se chamava "direção" permitisse impor, pelo deslumbramento dos sentidos, libretos de ópera ineptos:

> Uma tolice carregada de música, de danças, de máquinas, de cenários é uma tolice magnífica, mas sempre tolice; é um fundo deplorável sob belos exteriores, onde penetro com bastante insatisfação. (*Sobre as óperas*, 1677)

No século XIX, a mesma crítica a respeito do espetacular é incessantemente articulada pelos zeladores do texto. Em 1834, Gustave Planche reivindica um teatro "sem figurinos, sem alçapões, sem mudanças visíveis, sem decoração, um teatro literário enfim." (*Sobre a reforma dramática*). E, como vimos (cf. supra, p.123), a teoria simbolista é construída *contra* a encenação, *contra* os cenários e figurinos, *contra* os acessórios, *contra* os atores...

Sobre o repertório

Esse pano de fundo explica a posição dos diretores franceses da primeira metade do século que, na esteira de Copeau, empenham-se em renovar a arte da representação, embora sempre proclamando a eminente superioridade do texto sobre todos os outros componentes do teatro.

Um traço comum os une: todos visam enfrentar os textos primordiais do repertório. E todos sonham em descobrir e revelar grandes textos modernos. No Teatro do Vieux-Colombier, Copeau apresenta *Barberine* de Musset, em 1913, e, no ano seguinte, *A troca*, de Claudel. Montará também Shakespeare (*A noite dos reis*, *A seu gosto*). Baty se lança a adaptações para o palco dos grandes romances (*Crime e castigo*, 1933; *Madame Bovary*, 1936). Monta Shakespeare, Molière, Racine, Musset... E se os contemporâneos que escolhe montar (Gantillon, Pellerin, Lenormand, Jean-Jacques Bernard...) não se impõem à posteridade, pelo menos testemunham a importância que Baty atribuía à descoberta de um repertório novo.

Pode-se o dizer o mesmo de Pitoëff e Dullin. O primeiro monta diversos Shakespeare e revela ao público francês Tchekov e Pirandello, Gorki e O'Neill, Claudel e Cocteau, e até o jovem Anouilh. O repertório do segundo passa por Aristófanes, Shakespeare, Corneille, Molière para chegar, em 1943, à parábola de um jovem filósofo que experimentava o teatro (Sartre, *As moscas*). Os Molière de Jouvet

(*Dom Juan*, *Tartufo*, *A escola de mulheres*) ficaram famosos. Mas é o mesmo Jouvet quem revela o essencial do teatro de Giraudaux e não hesita em ofuscar seu público encomendando uma peça a um jovem e sulfuroso penitenciário que, afirmam então Cocteau e Sartre, é também um grande romancista (Genet, *As criadas*, 1947).

A chama será reavivada, na virada dos anos 1950, por Barrault, que montará Shakespeare e Kafka, Claudel e Marivaux, Beckett e Marguerite Duras, e por Vilar, que oferecerá a seu público, de Avignon e do TNP, Corneille e Molière, Marivaux e Musset, Sófocles e Shakespeare, Kleist e Büchner (cf. supra, p.134-35). E embora lamente não encontrar obras contemporâneas à altura do imenso palco de Chaillot, não deixa de revelar Brecht (*Mãe Coragem*, *Arturo Ui*), Eliot (*Assassinato na catedral*), e até Pichette, com o corajoso fracasso de *Nuclea*. Em suma, todos esses diretores que pertencem a gerações diferentes, que fazem escolhas estéticas diversas, afirmam, com sua prática, um vínculo fundamental e criativo entre representação e texto de teatro. Todos comungam de uma mesma exigência intelectual, de uma mesma recusa da mediocridade de boulevard.

O culto do texto

No fundo dessa valorização do texto podemos reencontrar os traços de um espiritualismo herdado dos simbolistas. Por exemplo, Copeau retoma por sua conta a visão mallarmaica transmitida por Gide, com quem entretém vínculos estreitos. Paradoxo de um homem de teatro que acaba de recusar a própria materialidade da representação!

> No que diz respeito aos cenários e aos acessórios, não pretendemos dar-lhes importância. ("Uma tentativa de renovação dramática", in *Críticas de um outro tempo*, 1923)

Assim concebida, a direção deve ser um confronto direto e depurado entre as três instâncias cardeais da representação: o texto, o diretor e os atores. O palco é sempre o espaço disposto para esse confronto:

> Que os outros prestígios desapareçam e, para a obra nova, que nos deixem um tablado nu! (Ibid.)

A fórmula era capaz de convir a todos. Em sua evocação da obra de Pitoëff, Jacqueline de Jomaron observa:

> A despeito da extrema importância atribuída à autonomia do diretor, a direção deixa de ser para ele um meio a serviço do "texto" (*Georges Pitoëff, diretor*, 1979)

É claro que Baty brandirá o estandarte da revolta contra a tirania do verbo:

> Em cinco anos, de uma ponta a outra da Europa, uma revolução derruba Sire, a Palavra. (*A máscara e o incensário*, 1926)

Mas em 1922, assim como Copeau, adere a essa hierarquização que define o texto como o coração vivo da direção. É ele que a sobredetermina. Que lhe confere necessidade e coerência.

> O texto é a parte essencial do drama. É para o drama o que o caroço é para a fruta, o centro sólido em torno do qual vêm se organizar os outros elementos. (*Bulletin de la Chimère*, VI, out 1922)

E Jouvet não dirá outra coisa:

> É apenas o ensino do texto que guia, é apenas o texto que conduz uma representação. (*Testemunhos sobre o teatro*, 1952)

Dirigir é antes de tudo pôr-se à escuta do texto. A representação não é um fim em si. No fundo é uma arte da iluminação. Deve ser capaz de fustigar todas as facetas do texto sem se lhe impor. Deve também ser um veículo que estabelece entre o texto e o espectador uma necessária deflagração amorosa:

> Para abordar uma obra-prima, para responder à sua solicitação, para ouvi-la, existe apenas uma atitude: a submissão. (Ibid.)

Jouvet morre em 1951, e Vilar já tomava seu lugar. Dá provas da mesma deferência ou devoção ao texto. Proclama sua adesão à mesma hierarquia dos valores. No ápice, está a obra a ser dirigida, quer dizer, servida. Em um escalão um pouco inferior se situa o ator, que empresta sua voz e seu corpo ao texto. Ao personagem, insufla vida. E enfim, por baixo de tudo, ficam os marujos da representação. Eles reinam sobre a materialidade dela, sobre seu bom funcionamento. E exclusivamente quanto a isso:

> O ator digno do nome não se impõe ao texto. Ele o serve. E servilmente. Que o eletricista, o músico e o cenógrafo sejam então mais humildes ainda que esse intérprete correto. (*Sobre a tradição teatral*, 1955)

Sob essa ótica, a direção não é uma arte de invenção. O texto recepta em estado virtual toda direção, todas as direções possíveis. A única missão legítima do diretor é explicitar essas potencialidades, atualizá-las em uma realização cênica. Ela não está além. Não vai além.

> O criador, no teatro, é o autor. Na medida em que nos traz o essencial ... O texto está ali, rico pelo menos de *indicações cênicas*, incluídas nas réplicas mesmo dos personagens (marcação, reflexos, atitudes, cenários, figurinos etc.). É preciso ter a sabedoria de se conformar a isso. Tudo o que é *criado* fora dessas indicações é "direção" e deve ser por isso desprezado e rejeitado. (Ibid.)

Assim definida, a representação é elaborada a partir de uma tensão dialética em que dois imaginários, o do autor e o do diretor, se chocam antes de se fundirem. No entanto, o diretor vem "depois". Logo, não poderia ser colocado num pé de igualdade com aquele que vem "primeiro", o inventor do texto, quer dizer, do essencial:

> Ele [o diretor] está ligado a um texto para o qual vislumbra todas as liberdades. Mas suas idéias e suas aspirações são tributárias das idéias e aspirações de um outro ... Ele deve ou assumir a responsabilidade, da primeira à última palavra, pelo texto que lhe propõem e criar de acordo com sua própria imaginação, ou então se demitir. (Ibid.)

De Copeau a Vilar, via Cartel, há uma evidente linhagem de pensamento. Elabora-se um modelo teórico que define primeiramente um modo de relação entre os praticantes do palco e o texto de teatro. Tal modelo depois estabelece que a finalidade da representação, portanto da direção, está em servir de caixa de ressonância para esse texto. Em fazê-lo "ser ouvido" o melhor possível. E isso, em suas inflexões e vibrações mais secretas.

Há, porém, no cerne mesmo dessa elaboração teórica, uma ambigüidade que será fonte de vários mal-entendidos e polêmicas. Copeau, por exemplo, deduz sua concepção da direção de um pressuposto fundamental: existiria uma verdade oculta do texto, e a única missão legítima do diretor seria trazer à luz esta verdade, dar-lhe forma e encarná-la por meio dos recursos da representação:

> Para toda realização existe um caminho da verdade, um caminho pelo qual o autor passou e que é nossa missão reencontrar para aí passarmos, por nossa vez. (*A interpretação das obras dramáticas do passado*[2])

Quanto mais denso e rico for o texto, menos o diretor terá margem de manobra. Incumbir-lhe-á apenas curvar-se às "injunções" do texto, como diligente e discreto "serviçal".

> Reconheceremos o valor de um texto dramático através do apelo que nos faça no sentido da fidelidade, do pouco de liberdade que nos conceda, das instruções que nos dê, da servidão que nos imponha. E é trabalhando nesses limites, nos debatendo entre esses elos, que encontraremos a confidência do mistério e o segredo da vida. (Ibid.)

Essa idéia segundo a qual todo texto recepta uma verdade una e oculta legitima, no fundo, o trabalho do crítico, ou o do exegeta. Do mesmo modo, o público culto irá aderir a essa tese durante muito tempo. Ele irá ao teatro para que a representação lhe dê a ver e ouvir esse segredo ao qual só podia atingir pelo esforço intelectual da leitura, da reflexão, às vezes da erudição. Nessas condições, o primeiro mérito de uma direção residirá em ser uma arte do enquadramento discreto, inimigo do efeito espetacular, mas agindo como um revelador:

> É ... muito fácil desenvolver uma direção. Muito fácil multiplicar os signos do espetáculo, mesmo com uma certa disciplina de recursos que dá a ilusão da harmonia. Muito fácil inventar mil coisas agradáveis ou sensacionais a propósito ou em torno de uma obra-prima literária.

> O que é difícil, o que é marca da arte e prova de talento, é inventar dentro, é encher a realidade, é saturar de poesia tudo o que se faz e diz sobre o palco, sem jamais exagerar a significação, sem jamais transbordar o que chamo de "a pura configuração das obras-primas". (Ibid.)

Rumo a uma teoria da dupla soberania

Semelhante doutrina irá perdurar até por volta dos anos 1960. É a época em que Roland Barthes, mais ouvido que Valéry, proclama a inanidade da busca de uma verdade supostamente embutida no coração do texto e a inesgotável polissemia das obras-primas.

No entanto, uma ou duas décadas antes, alguns diretores haviam insidiosa, mas talvez deliberadamente, minado o edifício, afirmando *ao mesmo tempo* a sacralidade do texto e a liberdade de criação do diretor.

Jouvet, por exemplo, se interessa mais por essa adesão dos atores às palavras a que terão que dar vida do que à sua suposta verdade íntima:

> Uma única coisa importa ... é o momento, é esse ponto de efusão em que as palavras, com facilidade e segurança, sobem aos lábios do ator fazendo-lhe experimentar por sua vez as sensações e os sentimentos que o próprio poeta viveu ao escrever as frases de seu texto. Todo o resto é literatura. (*Testemunhos sobre o teatro*)

Tudo indica que permanecemos no contexto do espiritualismo herdado dos simbolistas. É o texto que confere sua "alma" à representação. É ao mesmo tempo seu coração e seu motor. Jouvet, porém, toma alguma liberdade com essa *doxa*. É que o diretor e seus atores devem encontrar, na semente das palavras, não tanto uma significação latente, mas um ritmo singular, uma respiração, uma música...

> Na arte do teatro, em que tudo o que é material é destrutível e corruptível, é o imaterial que comanda e que define. São elementos impalpáveis, é a sutil química dos impulsos e das sensações do autor que dá à peça sua duração e sua repercussão, tornando-a intangível. (Ibid.)

Por outro lado, a relação de Jouvet com os clássicos, especialmente com Molière, o leva a um completo relativismo no que diz respeito à questão da "verdade" do texto: houve tantos e tantos Tartufos! Tantas e tantas exegeses e interpretações diversas, às vezes contraditórias, sempre convincentes! Não existe meio de verificar se esta é a mais legítima, porque mais próxima da "verdade", do que aquela. Vilar contava essa piada:

> A um crítico que o censurava por não ter respeitado as intenções de Molière, Jouvet respondeu: "Você telefonou para ele?" Infelizmente Poquelin 00-00 não atende. (*Sobre a tradição teatral*)

O que pode então ser uma direção [*mise-en-scène*]? Visar o segredo de uma obra não é correr atrás de uma miragem que foge incessantemente? Resta reinventar o frescor primitivo de um texto, recuperá-lo em seu jorro inaugural.

> Para montar o *Dom Juan* de Molière, em primeiro lugar é preciso acreditar profunda e sinceramente na peça e no gênio daquele que a escreveu. É preciso acreditar no gênio de Molière.
>
> Aqueles em quem não é preciso acreditar, aqueles a quem não é preciso se dirigir, esses são os comentadores e os exegetas... (*Testemunhos sobre o teatro*)

Jouvet desconfia das "verdades" reveladas, das interpretações pretensamente exaustivas. Do mesmo modo desconfia do que chama de "concepções". (A partir dos anos 1960, se falará, no jargão em voga, de "leituras"...) É que o famoso mistério dos grandes textos é, antes de mais nada, sua exuberância. E o único efeito dessas "concepções" é empobrecê-lo sem jamais elucidá-lo!

> Não é questão de educação ou reeducação sobre uma peça clássica. Cada um a escuta à sua maneira e a diversidade de opiniões é tal que aquele que se encarrega de montá-la deve desconfiar, caso possua senso do ofício, de ter, sobre a obra, a mínima concepção. (Ibid.)

Há, na obra-prima, algo de inesgotável. Ela não recepta *uma* verdade oculta, mas *mil*, e mais:

> Uma verdadeira peça contém todas as idéias, todas as teorias, todas as concepções imagináveis. (Ibid.)

É portanto inútil definir a direção como uma arte da escolha. Privilegiar esta ou aquela concepção, para quê? A responsabilidade do diretor é levar um texto à vida dos palcos. A cada um, depois, criar sua religião!

> É da natureza de uma peça de teatro ser interpretada e interpretável. (Ibid.)

No fundo, Jouvet avançava em dez anos uma abordagem que devia devolver ao diretor uma liberdade praticamente sem limites. Seu pensamento era coerente mas paradoxal. Como seus colegas do Cartel, proclamava sua devoção e sua submissão ao texto. Mas, ao mesmo tempo, proclamava a liberdade do diretor a respeito de "verdades" pretensamente estabelecidas, ou seja, congeladas, mortas.

A vocação do diretor não é de forma alguma respeitar ou impor uma ortodoxia. A direção é uma arte do efêmero, e cada direção não é senão uma onda que explode e desaparece na história as representações. O serviço do texto, finalmente, é realizar uma simbiose, como aliás o espectador intuitivamente percebe quem fala do "Tartufo-de-Jouvet" ou do "Dom Juan-de-Vilar", sem que nunca se saiba muito bem se é o diretor ou o ator que é visado em primeiro lugar. Essa simbiose não formulará a evidência de um texto, mas sua vitalidade, sua exuberância. Pois essa evidência, espécie de horizonte inacessível, irá se constituir no fundo da soma de todas as suas interpretações. Mas o característico do teatro é que a adição não termina nunca!

> Acabamos de representar *Tartufo*.
> Representamos a peça? Demos dessa obra uma verdadeira representação? Um dirá sim e outro não, com razões que podem se intercambiar e se inverter. Um dirá sim e outro não e ambos terão razão pois se representará ainda *Tartufo* de maneiras diferentes e nada é definitivo nesses assuntos, a não ser a boa fé... (Ibid.)

Mas como, indagarão, tal liberdade pode se conciliar com o famosíssmo "respeito" ao texto? Respeitar o texto é justamente não falar em seu lugar, não preencher seus abismos ou iluminar suas zonas de sombra. É deixá-lo respirar e fazê-lo "ser ouvido". O diretor que não "respeita" o texto é aquele que entulha o tablado com supérfluos decorativos.

Vimos Copeau reivindicar um "tablado nu". Pitoëff contentava-se com papéis e luzes *ad hoc*. Vilar, um pouco mais tarde, assume o vazio dos imensos palcos de Avignon ou de Chaillot e se concentra em alguns signos essenciais. "Respeitar" o texto é primeiramente lhe oferecer um espaço aberto onde ele poderá desdobrar todos os seus harmônicos...

Eis por que o diretor, também legitimamente, pode afirmar sua submissão e sua liberdade. Submisso, ele o é, mas apenas à materialidade do texto e talvez ao espaço do qual tem necessidade para se desenvolver. Mas, relativamente a uma "verdade" múltipla e intangível, ele pode se dizer livre. E soberano. Ou antes, é a exuberância polissêmica do texto que define o próprio espaço de sua soberania.

O teatro se afirma sempre como serviço do texto. O que não quer dizer que o diretor se reduza ao status daquele que impõe. Com isso, a própria estrutura de uma iniciativa teatral criativa supõe uma diarquia. Uma dupla soberania, mais uma vez, que engendra ao mesmo tempo tensões e cumplicidades. Dialética que confere à direção seu poder de revelação. E que a legitima como arte de pleno direito.

3. O esfacelamento das aparências

Descoberta de Brecht

Em 1954, no contexto do Festival Internacional de Paris, o Berliner Ensemble apresenta *Mãe Coragem*. Para certo número de amadores, existe ali, atingindo ao mesmo tempo a uma espécie de perfeição, uma nova prática do teatro, que reconcilia realismo e estilização. Descobrem uma arte que, no que diz respeito ao espectador, tem a cortesia do refinamento sem a gratuidade do formalismo.

Mas esse teatro não se dá como fim em si. A beleza do espetáculo é um apelo ao público. Ela não o envolve na armadilha da participação e do ilusionismo. Ela o incita a se interrogar e voltar para uma verdade eternamente problemática.

> Não existe mais um mundo fechado, o do palco (seja exprimindo o autor, o ator ou o diretor), que deteria uma verdade à qual a platéia deve se entregar esquecendo-se de si mesma. Existe colaboração entre o palco e a platéia por intermédio de um espetáculo que haure sua verdade não de uma certa idéia do teatro ou de um desejo de comunhão culminando exclusivamente em um ato de amor, mas de uma experiência comum aos produtores e aos consumidores de teatro: a experiência de sua sociedade. (Bernard Dort, *Teatro público*, "Prefácio", 1967)

Através das repetidas visitas do Berliner Ensemble,[3] através também da leitura dos textos teóricos de Brecht cujas traduções francesas começam a ser publicadas na mesma época,[4] a geração dos anos 1955 descobre uma das teorias mais completas e inovadoras que o teatro produziu provavelmente desde o aristotelismo.

Forma dramática ou forma épica?

Brecht opõe a *forma dramática* legada pelo aristotelismo à *forma épica* por ele preconizada. A primeira é uma forma fechada. Repousa em uma ação desencadeada por um ou vários conflitos entre os protagonistas. Desemboca em um desenlace que é a instauração ou restauração de uma harmonia social, de uma ordem política. Proclama portanto uma verdade à qual o espectador só pode aderir através da participação e da identificação. Tal teatro afirma o primado do indivíduo. A ação nasce do conflito que opõe um herói solitário, digamos Horácio e Tito, Alceste e Tartufo, Ruy Blas e Lorenzaccio, à sociedade. Para um conflito desse tipo só há duas saídas possíveis: ou a sociedade elimina o herói para assegurar sua perenidade (*O misantropo*, *Tartufo*), ou o herói triunfa sobre ela (*O Cid*).

Brecht havia trabalhado com Piscator, que, na Alemanha dos anos 1920, pretendera fazer do teatro o lugar de um questionamento da sociedade. Afirmava-se com isso, por meio de uma visão marxista, a sobredeterminação do indivíduo por um feixe de forças socioeconômicas. Com isso, as forças deviam ser a matéria privilegiada desse novo teatro e substituir os conflitos individuais. Mas Piscator não escapava à forma fechada e ao dogmatismo: uma certa verdade era proclamada na cara do espectador. O palco a tornava palpável, como irrecusável, e não lhe deixava meios de discuti-la. Por fim, o patos de alguns destinos heróicos era substituído pela afirmação teológica de uma Lei suprema da História governada pelas relações econômicas e pelos conflitos de classes. Aos olhos de Brecht, esse teatro, não mais que a *forma dramática*, não tem virtude pedagógica. Confrontado com desfechos "dogmáticos", o espectador é reduzido à passividade.

Brecht proclama então a necessidade de extinguir uma forma teatral que, qualquer que seja a ideologia em que se apóie a obra representada, cega ou aliena o espectador.

A *forma épica* preconizada por Brecht será em primeiro lugar uma outra maneira de mostrar o real, de esfacelar as aparências. Ela mobiliza o senso crítico dos espectadores, incitando-os a descobrir por si mesmos uma verdade mais complexa do que aquela que aderiam ao entrar no teatro.

Para se realizar, a *forma épica* requer três condições principais:

1. é preciso reconsiderar a escrita dramática tradicional. Seu objetivo era envolver o espectador no fluxo de uma continuidade sem a qual não havia identificação com o herói. É preciso então, ao contínuo, preferir o fragmentário;
2. é preciso reconsiderar a estética da representação. A direção tradicional também se faz cúmplice do texto na medida em que visa assegurar, graças ao aperfeiçoamento das técnicas do palco, o efeito de ilusão e de alucinação buscado. Assim, o ator não poderia, no palco, se desligar de seu personagem, com o qual deve fazer apenas um. Assim, o cenário não poderia mostrar seu avesso, sua realidade de cenário, o material que o constitui, o maquinista que o faz funcionar...
3. é preciso reconsiderar a relação do texto com o espectador. A *forma dramática* impõe uma verdade imutável. Qualquer que seja a história ou a experiência vivida de cada um, é preciso aderir a ela. A forma dramática despoja portanto o espectador de si mesmo. Explora, para fazê-lo, seus afeitos, seus sentimentos, suas idéias. Ao contrário, a *forma épica* enfatizará os comportamentos e as opiniões, daí decorrendo, segundo Brecht, todo o resto. Em outras palavras, o personagem brechtiano, enquanto indivíduo, terá uma certa opacidade. Mas seu comportamento será, para o espectador, o revelador de um modo de inserção na Sociedade e na História:

> "O teatro épico se interessa antes de tudo pelo comportamento dos homens uns em relação aos outros, ali onde esse comportamento apresenta uma significação histórico-social, ali onde é típico." ("Sobre o uso da música para um teatro épico" (1935), in *Escritos sobre o teatro*, I)

O motor da *forma dramática* é, já dissemos, o *conflito*. Já o teatro *épico* se apóia na idéia da *contradição*. Este é, por exemplo, o mecanismo-chave de *Mãe Coragem*. A heroína fica cega pelo fato de que a guerra que a enriquece ao memo tempo lhe traz a desgraça e a morte.

Finalmente, a *forma épica* evita o fechamento da representação. Prescinde de um desenlace conclusivo. O personagem épico não morre *in fine*, realizando assim um destino trágico. Ele se perpetua para além do horizonte do palco. Ricardo III se apossa do poder, comete inumeráveis crimes antes de ser, ele próprio, morto. Mas Arturo Ui prenuncia futuros problemas e é ao espectador que incumbe se mobilizar para pôr fim à sua "resistível ascensão".

O efeito de distanciamento

Existe portanto uma dramaturgia *épica*. Existe também, como decorrência dessas premissas, um modo de direção *épico*. Ele se apóia em um princípio essencial, o *Verfremdungseffekt*, termo de difícil tradução. A comunidade teatral acabou por adotar a expressão *efeito de distanciamento*.

Trata-se de colocar o objeto da representação à *distância* do espectador para que este experimente a sensação de sua *estranheza*. Para que o considere não mais como evidente, como "natural", mas como problemático. Para que provoque sua reflexão crítica.

O teatro, diz Brecht, sempre foi pródigo em momentos de distanciamento. Mas, no sistema aristotélico, estes são sempre inadvertências da cena. E são condenados como prejudiciais à ilusão. Exemplo: um maquinista vestindo macacão de trabalho atravessa o palco no momento em que Romeu expira sobre o corpo de Julieta. Quem, a partir disso, poderia ainda se emocionar com a sorte dos amantes de Verona?

A *forma épica*, ao contrário, transformará essas inadvertências em efeitos deliberados. Aperfeiçoará procedimentos que permitam quebrar a ilusão teatral, levar de volta o espectador à consciência de si e à sensação de que aquilo que lhe é apresentado não é a realidade, nem mesmo uma cópia perfeita, mas uma "representação", uma imagem insólita, problemática, e desprovida de "natural" uma vez que admite sua natureza teatral...

O *distanciamento* é importante para todas as técnicas da representação (cenografia, música etc.). Mas é sem dúvida a reviravolta introduzida nos hábitos de representação do ator ocidental que suscitou mais controvérsias. Para uns, tratava-se de idéias difusas e impraticáveis; para outros, uma revolução que devia dar origem a um novo tipo de ator...

Ao ator brechtiano pede-se evitar ilusionismo, não procurar muito "fazer crível" seu personagem, permitir ao espectador perceber que ele é um ator em vias de interpretar um papel e, mais ainda, que, caso necessário, tenha um juízo crítico sobre seu personagem. Em suma, a representação épica considera virtude tudo o que a tradição mimética proscrevia rigorosamente! O ator brechtiano, no fundo, tem algo de comum com o corifeu do coro antigo: ele participa da ação (interpelando, criticando, prevenindo... o protagonista), mas não é absolutamente um personagem. É antes uma projeção do espectador, um pensamento e uma voz que ajudam este último a formar um juízo lúcido sobre o que está em jogo no drama e o debate que o sustenta.

O teatro *épico*, esclareçamos, não é nem um teatro de tese nem um teatro edificante. Esse tipo de acusação, às vezes articulada, dá mostras de completo desconhecimento do pensamento e da prática de Brecht. Embora sugira que é preciso agir, não diz nunca como. Não propõe modelo a ser imitado. Não enuncia doutrina moral. Visa apenas permitir ao espectador tomar consciência de sua própria condição histórica e dela tirar as conseqüências que considera justas quanto a seu comportamento no seio de uma situação específica sua, e somente sua.

Discípulos franceses de Brecht

Houve, nos anos 1950, algumas tentativas para adaptar Brecht à cena francesa da época. Em 1947, Jean-Marie Serreau apresentara *A exce-*

ção e a regra, e principalmente, Vilar, desde a primeira temporada do TNP em 1951, havia inscrito em seu programa uma *Mãe Coragem*, diversas vezes encenada. Mas não é certo que essas realizações, por mais meritórias e às vezes brilhantes, tenham permitido ao espectador fazer uma idéia exata do caráter inovador do teatro épico. Diretores, e sobretudo intérpretes, tendiam a trazer para os hábitos familiares do drama, da crônica romanesca, uma interpretação à qual faltavam as chaves e, também talvez, o treinamento necessários.

É provavelmente a Roger Planchon que se deve o fato de a França ter assumido a plena dimensão do brechtianismo, não apenas colocando-o em prática, mas também aplicando suas técnicas a outras obras que não as de Brecht.

De todo modo, graças a ele e a alguns outros, o brechtianismo se impõe nos palcos franceses dos anos 1955-60, concomitantemente — mas a coincidência talvez seja significativa — ao simbolismo atemporal e apolítico do teatro dito do absurdo, que combinava paródia e metafísica (Beckett e Ionesco).

Planchon monta *A boa alma de Sê-Tchuan* (1954, reapresentada em 1958), *Terror e misérias do Terceiro Reich* (1955), *Schweyk na Segunda Guerra Mundial* (1961). Mas sobretudo incita autores franceses a experimentar, à sua maneira, o modelo brechtiano. Assim, monta de Michel Vinaver *Hoje ou os coreanos* (1956) e *Além das opiniões* (1973); de Arthur Adamov, *Paolo Paoli* (1957); de Armand Gatti, *A vida imaginária do lixeiro Auguste Geai* (1962).

Assim como Brecht, Planchon associa intimamente teoria e prática, escrita e direção. Como dramaturgo, busca dar conta de certas realidades sócio-históricas francesas (*A devolução*, 1962; *Azuis, brancos, vermelhos ou os libertinos*, 1967; *O infame*, 1969; *O porco negro*, 1974; *Gilles de Rais*, 1977).

Finalmente, como Brecht havia feito em sua época, Planchon lança sobre as obras do grande repertório um olhar despojado, às vezes provocante. Suas direções buscam recolocar os conflitos individuais e sentimentais, que são como a parte visível do iceberg aristotélico, no seio de antagonismos de classes que o drama não quer ou não pode mostrar. É nesse espírito que são tratadas *Henrique IV*, de Shakespeare (1957); *George Dandin*, de Molière (1958); *A segunda surpresa do amor*, de Marivaux (1959); ou as duas versões de *Tartufo*

(1962 e 1973). Bernard Dort oberva que se Planchon, na obra molieresca, escolhe justamente e em primeiro lugar *Dandin*, é por causa de sua semelhança com um *lerhstück*, uma "peça didática" de Brecht ("*Dandin* em situação", in *Théâtre Populaire*, nº32, 1958). Mensagens do protagonista ao público, representação iterativa de comportamentos sobredeterminados por uma contradição íntima que o personagem é incapaz de captar: enriquecido, Dandin se casou com uma jovem aristocrata empobrecida. Tornou-se o senhor de la Dandinière. Adquiriu um título artificial. Encontra-se, ao mesmo tempo, em uma espécie de *no man's land* social. Traiu sua classe de origem, e é desprezado, rejeitado pela nobreza. Não está mais em lugar algum, e não se dá conta disso. Não percebe de seu drama senão o sintoma mais exterior, a infidelidade de sua mulher.

A onda brechtiana que havia se desencadeado sobre os Centros Dramáticos e os Centros Culturais reflui brutalmente a partir de 1968. A ideologia de maio era uma reivindicação sob certos aspectos hedonista. Ora, o brechtianismo francês, praticado de maneira imitativa, mecânica e sem verdadeira inspiração, tornava-se um enfático academicismo. Pesadamente didático, esquecia que o modelo brechtiano requeria o *prazer* do espectador, e que o palco devia lhe oferecer *ao mesmo tempo* um objeto de reflexão crítica, a alegria de um divertimento lúdico e o refinamento de uma beleza plástica. O tédio destilado por indignações de comando em um contexto de feiúra carbonífera devolvia o espectador à sua passividade, isso quando ele, pura e simplesmente, não abandonava o teatro. E de maio de 1968 surgem outras práticas, outras doutrinas, outros modelos, que serão abordados adiante.

Os refratários impenitentes concluem disso, talvez um pouco rápido demais, que se acabara finalmente com uma moda alemã, que era, além disso, comunista! Pois, por exemplo, o Théâtre du Soleil (Ariane Mnouchkine), no ritmo de 1968, inventa, com *1789* (1970), um modelo teatral que, por caminhos originais, cumpre todas as exigências brechtianas, a festa, o prazer e a reflexão crítica. E esse teatro não deixará mais de reinventar Brecht, isto é, de mantê-lo vivo em lugar de mumificá-lo. Verdadeira fidelidade que, com grande senso da exuberância teatral, mas lucidamente disciplinada, retoma bom número dos procedimentos do teatro *épico*, entre eles: a alternância de quadros acentuada pela utilização de um espaço estourado, *1793* (1972), *A idade de ouro* (1975), *Mefisto* (1979); mensagens ao público, misturas de figuras clownescas irreais e de personagens que reproduzem fielmente seus modelos; comentário sutil da música; recurso a técnicas de atuação não realistas ou não familiares — clowns e saltimbancos em *1789*, acrobatas dançarinos da commedia dell'arte (*A idade de ouro*), cabaré berlinense (*Mefisto*), clowns chineses e kabuki (*Ricardo II*), kathakali (*A noite dos reis*)... Os mais recentes espetáculos do Théâtre du Soleil farão a síntese de todas as buscas e de todas essas conquistas com grandes afrescos depurados consagrados a alguns capítulos complexos e sangrentos da história recente do mundo, *A história terrível mas inacabada de Norodom Sihanouk, rei do Cambodja* (1985) e *A indiada* (1987).

Trata-se sempre claramente de pôr em prática procedimentos de *distanciamento*, de nos mostrar como é estranho e problemático o comportamento daqueles que fizeram ou fazem nossa história. Através dos saltimbancos renovando os grandes episódios de uma revolução confiscada pela burguesia dos negócios que vai se apoderar das alavancas de comando, é a festa efêmera de maio de 1968 que é questionada (*1789*). Através das máscaras e acrobacias de Pantaleão (que, de veneziano, tornou-se francês graças a um simples prenome, Marcel) ou de Arlequim, "magrebizado" em Abdalah, é a crueldade indiferente da sociedade de consumo a respeito de seus operários imigrantes que é ao mesmo tempo mostrada e analisada (*A idade de ouro*). Os mais recentes espetáculos do Théâtre du Soleil apresentam igualmente uma imagem "estranha", distanciada, da grande História, a dos reis de Shakespeare, ou, mais próxima de nós, mas também shakespeariana, a das convulsões que acompanham a descolonização e o acesso à independência de certos países (*Norodom Sihanouk*, *A indiada*). Representações "abertas", sem desfecho, que deixam o espectador cara a cara com a realidade. Norodom Sihanouk está sempre vivo e mais ativo do que nunca. Vejam a Conferência de Paris sobre o Cambodja (1989). A Índia é sempre presa das forças centrífugas que a dilaceram. Vejam as reivindicações de autonomia dos sikhs, o assassinato de Indira Gandhi...

Mas a "teatralização" do brechtianismo operada pelos filhos de maio foi assumida. O espectador não é de modo algum convidado para um curso ou uma oração. Em primeiro lugar, há a alegria de atuar dos atores, seu virtuosismo acrobático, o requinte estético que os enquadra algo amorosamente (espaço de atuação, figurinos, música...). Essa alegria, para o espectador, se metamorfoseia em uma sensação de intenso prazer. Prazer da surpresa, do maravilhamento; não desemboca nunca na alucinação própria ao teatro de identificação, mas em uma lucidez ou meditação jubilatórias. Eis por que, no momento atual (1989), os espetáculos do Théâtre du Soleil são provavelmente os herdeiros mais autênticos de Brecht. Renovando-se incessantemente, fugindo da auto-imitação, eles desarmam as armadilhas do academicismo. Uma certa gravidade de tom não se confunde com o dogmatismo enfático dos epígonos. Em resumo, essa elegância e essa leveza de confecção fazem dos espetáculos do Théâtre du Soileil o resultado convergente de três modelos: um teatro verdadeiramente "popular" (Vilar), um teatro verdadeiramente "político" (Brecht) e um teatro verdadeiramente "festivo" (1968).

4. O grande sonho litúrgico

Ao longo de todo o século XIX (e este século XIX se prolonga agudamente no século XX) a prática predominante subjuga o teatro às exigências de entretenimento da burguesia. É ela, afinal de contas, que vai ao teatro, que paga seus lugares e que garante o equilíbrio financeiro, até mesmo os lucros de empreendimentos pelos quais o Estado ainda não se interessa. Em suma, é o reino do teatro dito de boulevard (a maioria das salas está concentrada nos boulevards des Italiens, des Capucines, Saint-Denis e Saint-Martin). Nenhuma ambição senão a de fazer rir conta mais para um público indiferente a qualquer outra pesquisa (cultural, artística...). Contra esse teatro degradado não apenas pela comercialização e pelo vedetismo — o ator que enche a sala pode seguramente impor sua lei e seus caprichos a qualquer iniciativa —, mas também, e sobretudo, pela mediocridade e a demagogia, alguns, como vimos, afirmam a necessidade de devolver ao teatro sua dignidade de arte criadora. A única solução, para assegurar essa recuperação, é expulsar os mercadores do templo e conferir ao diretor um poder discricionário sobre a concepção e a organização da representação. É em tal contexto que é preciso situar o sonho que vai alimentar recusas e pesquisas de um certo número de homens de teatro, essa nostalgia do *sagrado* a partir da qual, é o que se acha, o teatro nasceu, encontrou sua necessidade e extraiu a inspiração de suas realizações menos renegadas (teatro antigo, mistérios e milagres da Idade Média, tragédia etc.). Originalmente, dizem, o teatro tinha um pacto com os deuses. Atualmente, laicizado, prostituído, não passa de uma "mina de finanças" [*pompe à phynances*] (para retomar a sugestiva expressão que Jarry empresta a seu memorável Ubu).

De Wagner a Appia e a Craig

Podemos remontar até 1848. Compositor fadado a uma certa glória, mas que, por ora, não havia apresentado senão obras ditas de juventude (*Tannhaüser* e *O navio fantasma*), Wagner vê na "arte helênica" o modelo perdido de uma arte humana universal. Perdido quer dizer: a ser reencontrado! Esta arte será o veículo de uma religião nova que terá se revestido da própria significação de sua etimologia, a de um *vínculo* que une e unifica a humanidade (*religare*):

> A obra de arte é a representação viva da religião; mas não é o artista que inventa as religiões; elas devem sua origem apenas ao *Povo*. (*A obra de arte do futuro*, 1848)

Em 1883, *Parsifal* será ao mesmo tempo a derradeira obra-prima do compositor-teórico e sua tentativa mais elaborada de restaurar o caráter sagrado e litúrgico que deve transfigurar a obra de arte. O fato de a teologia sobre a qual se apóia ser nada mais nada menos que ortodoxa não é, afinal de contas, de grande importância... Trata-se antes de tudo de devolver à arte, por meio da ópera ou, antes, do teatro lírico, a dignidade de um cerimonial e, mais ainda, a virtude literalmente nutritiva de uma eucaristia.

■ *Appia*

Foi sua admiração pela dramaturgia e pelas teses do compositor de *Tristão* sobre a arte que paradoxalmente levou Appia a contestar sua aplicação, que era de regra no final do século, e que recebera inclusive a aprovação de Wagner. É curioso de fato constatar, depois de Appia, que a prática avalizada, e provavelmente pretendida, por Wagner estava bem atrás de sua audácia teórica. Ela se situava na continuidade dos mesmos hábitos, rotinas e técnicas que o século XIX impusera à representação lírica: cenários de tecido pintado pesadamente realistas, entulhamento do palco com acessórios, absurdo mil vezes denunciado da iluminação pela ribalta, imobilização no proscênio do cantor entregue a si mesmo e voltado para os sempiternos estereótipos gestuais... O hiato entre o palco de Bayreuth tal como é utilizado e o sonho wagneriano de (re)sacralização do teatro, aos olhos de Appia, está aberto.

Sem dúvida um dos pioneiros, Appia toma consciência do poder sugestivo que emana da iluminação elétrica. Eis por que faz dela o próprio coração de seu modelo cenográfico. Preconiza o esvaziamento do palco da mixórdia que inutilmente o entulha. A renúncia a um realismo pseudo-histórico que se justifica na medida em que os libretos das óperas de Wagner instauram um espaço e um tempo míticos, isto é, não históricos. Os deuses da *Tetralogia*, os heróis sobre-humanos (Siegfried, Lohengrin, Parsifal...) ou demasiadamente humanos (Tannhaüser, o Holandês Errante, Siegmund, Brünnhilde, Tristão e Isolda...) não são mais do século X do que do século XII.

A liturgia wagneriana não poderá revelar plenamente sua beleza e sua eficácia a não ser através de um tipo de representação do qual nenhum dos componentes remeterá a uma realidade exterior qualquer. Do mesmo modo, a missa católica (os teóricos de um teatro ressacralizado fazem freqüentemente referência a isso) organiza seus faustos e seus ritos sem nenhuma preocupação com o ilusionismo. A alusão, no teatro, deve doravante substituir a ilusão!

A obra de Appia, escritos teóricos mas também projetos de direção, maquetes, que são no fundo outra maneira de enunciar um pensamento inovador, irá inspirar, mas somente depois da Segunda Guerra Mundial (Appia morre em 1928), uma boa parte das pesquisas mais bem realizadas do teatro europeu. Em Bayreuth primeiro, onde o neto de Wagner, Wieland, será seu discípulo inspirado até 1966, data de sua morte. Em outros lugares também! Um Vilar na França, um Strehler na Itália lhe devem as seguintes idéias: uma cenografia moderna não pode se basear em nada mais do que na iluminação; a luz é o único veículo que permite realizar o que os simbolistas, e depois deles toda uma corrente renovadora, pregavam: a utilização do imaginário do espectador como espaço mesmo da encenação, ou pelo menos de seus prolongamentos últimos; enfim, um teatro que reivindica uma dimensão mítica deve romper definitivamente com o mimetismo e o historicismo do século precedente.[5]

■ *Craig*

Do inglês Edward Gordon Craig, contemporâneo do suíço Appia, pode-se dizer praticamente a mesma coisa. Embora sinta necessidade de inventar um modelo teórico, isso se dará a partir de uma interrogação crítica e de uma recusa violenta das rotinas, das convenções do teatro britânico do final do século XIX. Suas tentativas para aplicar esse novo modelo conhecerão sortes diversas. Não serão mal recebidas, mas esbarrarão nos mesmos obstáculos e acarretarão as mesmas decepções que causaram a Appia. Enfim, homem de teatro "maldito" (como se falava de "poeta maldito") de certa maneira, não deixará por isso de ser cercado pela veneração de várias gerações de diretores das quais terá sido o inspirador.

Craig também recusa o ilusionismo ingênuo herdado da tradição mimética do século XIX. Debruça-se sobre o vínculo que une o espectador ao espetáculo. Esse vínculo, diz, é ainda mais forte na medida em que o segundo mobiliza a atividade de imaginação e devaneio do primeiro. Do mesmo modo, a direção tem como obrigação solicitar essa atividade, não de saturá-la ou inibi-la com imagens excessivamente precisas.

Por outro lado, a representação somente atingirá verdadeiramente a dignidade de arte quando o diretor, transformado em "regente" (aquele que conduz, que guia, segundo a etimologia), assumir um poder absoluto sobre a representação, exercendo sobre todos os seus componentes uma autoridade ininterrupta comparável ao controle do maestro sobre seus músicos.

Próximo de Appia, Craig condena tanto o decorativismo quanto o mimetismo cenográficos. O tablado deve se tornar um espaço arquitetônico. O "regente" deve organizar seus cheios e vazios, animá-los, modificá-los pelo recurso à luz. Se o teatro persegue o sonho de ser uma arte sagrada, então a imagem cênica deve ser composta com tanto cuidado quanto um quadro.

Mas o teatro é também movimento e mudança, uma vez que a representação não é apenas inscrição em um espaço, mas escansão de uma duração. Craig deplora os limites das técnicas cenográficas de sua época, que são incapazes de garantir, sem ruptura de continuidade, as transformações da paisagem cênica.

Durante toda a sua vida, Craig trabalha para aperfeiçoar, até mesmo revolucionar, as técnicas cenográficas. Em se tratando dos atores, é menos otimista! Nenhuma reforma jamais triunfará sobre os defeitos dos quais os acusa. Suas experiências (*Os vikings*, de Ibsen, em 1903) o convenceram de que permanecerão sempre rebeldes ou indiferentes a seu sonho teatral.

É que para Craig o intérprete ideal deveria ser um puro instrumento. Desprovido de afetos e dono de um absoluto domínio das técnicas de atuação. Somente então poderia se submeter sem hesitação ou trégua às exigências do "regente". Ator utópico! Craig está tão perfeitamente consciente disso que o batiza, como para arrancá-lo definitivamente da mera e imperfeita humanidade, de *supermarionete*. Utopia também porque essa imagem do ator choca-se violentamente com seu ideal tradicional, na época irredutivelmente individualista e sensível demais para o mito do gênio inspirado.

Eis também por que Craig, talvez impressionado pela reflexão simbolista, prefere sonhar com uma representação livre do ator. Com um palco desde então inteiramente submetido aos caprichos do "regente"...

Mas o autor, o texto, dirão... Craig, também nesse caso, vê obstáculos a essa soberania fundamental do "regente". Condena sobretudo esse direito de olhar sobre a representação que uma certa tradição outorgou ao dramaturgo. Legado do poder ilegítimo, aos olhos de Craig, porque artisticamente danoso. O autor deve ser nada mais nada menos que um fornecedor a serviço do "regente". Ele proporciona um texto assim como o maquinista os acessórios e o iluminador a luz. Não tem que impor seus pontos de vista mas, ao contrário, transmitir ao domínio que é de sua responsabilidade (a escrita, a dramaturgia) as exigências do senhor da representação.

Craig, mais uma vez, retoma e prolonga a reflexão de Wagner, explicitando suas conseqüências. O empreendimento teatral é resultante de intervenções diversas que se combinam, se superpõem, se alternam ou se contrariam. Mas a direção não é de modo algum a simples soma desses componentes. Não basta justapor um bom texto, bons atores, boa música e um belo cenário para atingir uma representação conforme à idéia que Craig tem da arte do teatro. A seus olhos, a direção só pode pretender tornar-se uma arte caso opere uma síntese coerente de todos os elementos que a constituem. E essa síntese só será alcançada se a representação não for mais controlada ao bel-prazer por todos que dela participam. Se uma vontade única e não compartilhada a conceber e realizar. O teatro só se tornará uma arte quando submetido à ditadura do "regente"!

Em uma época em que os diretores pretendem se consagrar, com uma humildade mais ou menos sincera, ao serviço dos textos (cf. supra, p.141), Craig dá provas de um radicalismo totalmente diverso. A própria lógica de sua doutrina o leva a abalar o fundamento da tradição ocidental desde o século XVII. O "regente", diz ele, é ou deve se tornar um criador. Não tem que se curvar às coerções que uma obra pode parecer impor. Nem às tradições interpretativas por ela suscitadas. Nem à idéia de que um autor pode ter do texto que escreveu. Esse texto, o "regente" o utilizará com a mesma soberana liberdade que deve ser de regra quando está elaborando o dispositivo material da representação. Nada o obriga a respeitar as rubricas, que só estão ali, diz Craig, para facilitar as referências do leitor. Nem a integralidade dos diálogos. Nem a ordem das cenas...

Craig, consciente de que o teatro de seu tempo não receberia sem resistência teses tão revolucionárias, prefere ganhar terreno em relação à trivialidade cotidiana do tablado. Estuda a fundo a tecnologia do palco refletindo nos recursos que lhe permitiriam realizar um instrumento adaptado a seu ideal. Sua reflexão se centra na articulação da *música*, da *arquitetura* e do *movimento*. O objetivo é aperfeiçoar um dispositivo cenográfico tão flexível (*arquitetura*) que se submeta sem dificuldade a todas as transformações que o regente possa querer lhe impor (*movimento*) na continuidade mesma da representação e segundo um compasso prescrito pela *música*. Craig cria um sistema fadado a ser tornar famoso: os *screens*.[6] O tablado, como um tabuleiro, é recortado em elementos moduláveis e móveis. Podem aparecer, desaparecer, combinar-se à vontade entre si. Sua mobilidade utiliza o espaço cênico em todas as suas dimensões, tanto o eixo vertical como o horizontal. Eles se encaixam nos "urdimentos" ou no "porão".[7] O recurso à luz acentua também a diversidade dos efeitos obtidos e atenua a aparência às vezes excessivamente angulosa ou geométrica criticável nos *screens*. Finalmente, por sua fluidez como por seu aspecto de volumes abstratos, impedem qualquer facilidade realista.

Duas realizações permitirão a Craig experimentar na dimensão real sua invenção e revelar todos os seus recursos. Primeiro em Dublin, onde Yeats a utiliza no Abbey Theatre em 1911 para *The Deliverer*. A acolhida é triunfal. Depois em Moscou, onde Craig, a convite de Stanislavski, foi montar *Hamlet* com a companhia do Teatro Artístico (1912).

Só que esses triunfos e essa receptividade não concretizam o sonho de Craig. O de um teatro livre de toda imperfeição humana, de um palco tão submisso à vontade criadora do "regente" como a página branca ou a tela virgem podem sê-lo à vontade do escritor ou do pintor. O sonho de Craig é uma caixa cênica (não recusa de modo algum o teatro fechado à italiana) que espalhe imagens plasticamente perfeitas. É também um teatro-templo que recebe um público de fiéis, para quem o teatro se desdobrará com a majestade de uma liturgia do espaço e do tempo. Tal sonho não irá mais cessar de obcecar o teatro ocidental. Sua realização mais recente talvez esteja do lado das realizações do americano Bob Wilson (cf. infra, p.168) ou da explosão multiforme de um teatro coreográfico que é preciso buscar nos anos 1980...

A utopia artaudiana, primeiras imagens

Voltemos aos anos 1930. Artaud redige os textos que, um pouco mais tarde, irão compor *O teatro e seu duplo*. As afinidades do modelo artaudiano com as teorias de Appia e de Craig já foram assinaladas muitas vezes. Empréstimos não confessados? Coincidência? No final, pouco importa. O teatro artaudiano também sonha com uma (re)sacralização da representação, com uma eliminação do texto e da ideologia mimética por ele veiculada, em benefício do gesto e do movimento. "O pai do dramaturgo foi o dançarino", proclama Craig. Já Artaud é fascinado pela "adorável e matemática minúcia" do teatro balinense, que percebe como um cerimonial esotérico estritamente ritualizado.

A exemplo de Craig, Artaud acha que a condição primordial para a realização desse teatro (re)sacralizado consiste em que um regente demiurgo reúna em suas mãos todos os poderes. Então ele poderá soberanamente forjar as imagens com que sonha, e organizar a representação como um cerimonial.

> Para mim, ninguém tem o direito de se dizer autor, isto é, criador, a não ser aquele a quem cabe a manipulação direta do palco. (*O teatro e seu duplo*, "Cartas sobre a linguagem", quarta carta).

Na verdade, as diferenças que separam Artaud de Craig são pelo menos tão importantes quanto as analogias. Por exemplo — voltaremos a isso —, o modelo artaudiano abole o face a face do espectador com a caixa cênica que Craig pretendia conservar. Visa utilizar as três dimensões do espaço de tal maneira que o cerimonial envolva e comprometa o espectador.

O modelo artaudiano, decerto, pertence a esse grande sonho litúrgico do teatro do início do século. Porém, o extrapola. É também uma espécie de jogo perigoso. Propõe-se colocar o espectador em estado de transe. E, ao passo que o próprio conceito de liturgia supõe uma ritualização de modo que o cerimonial possa ser reproduzido sem a menor modificação *ad infinitum*, o teatro artaudiano pretendia se afirmar como acontecimento único por sua intensidade. Portanto, repele a reiteração, na qual vê um risco de mecanização, enfraquecimento e degradação.

Esse modelo, assim como o de Craig, será percebido pelos contemporâneos como um alhures absoluto. Como uma utopia, a despeito das afirmações de Artaud, preocupado demais em mostrar que esse teatro *outro* era um teatro realizável.

Provavelmente, saudar a teoria artaudiana como uma soberba utopia era um meio cômodo de se livrar dela. Ao mesmo tempo, era reconhecer-lhe, e talvez atribuir-lhe, um poder de fecundação inimaginável no momento. Idéia pura, nunca verdadeiramente encarnada,[8] ela vai alimentar subterraneamente sonhos e pesquisas de um teatro que se revela trinta anos depois da publicação do *Teatro e seu duplo* (1938).

■ *Herdeiros americanos de Artaud*

São os americanos que, nos anos 1960, descobrem textos que os franceses haviam deixado cair suavemente no esquecimento (Artaud morrera em 1948). Pragmáticos, inspiram-se neles livremente para aperfeiçoar rituais ora baseados na nostalgia de uma violência sacrificial — o Living Theatre —, ora na da reunificação mística do mundo (retorno, mais uma vez, à etimologia [*religare*, reunir] de *religião*) — o Bread and Puppett Theatre.

A França vive então, não sem algum cansaço, sob o reinado de um brechtianismo que, como vimos, privilegia valores antinômicos de um modelo artaudiano, inclusive revisto pelos Estados Unidos: racionalismo, materialismo, vontade de compreender e transformar a sociedade... Não deixa lugar algum para o misticismo e, no sagrado, vê apenas alienação. E, se é verdade que Brecht se preocupava bastante com o prazer e com o jogo, seus epígonos nem sempre souberam resistir às facilidades do dogmatismo. Nesse contexto, a representação se tornava um cerimonial paradoxal, celebração acadêmica de um culto cujos textos canônicos recusavam qualquer idéia de celebração!

Na virada dos anos 1965, a vinda à França dessas companhias americanas causa sensação. Em 1966, o Living apresenta *The Brig* no Odéon; em 1968, o Bread and Puppet investe no Festival de Nancy.

As imensas bonecas esculpidas do Bread and Puppet, que atravessam e dominam o espaço da representação, remetem irresistivelmente a Craig e a Artaud. Craig, que escrevia: "A marionete é descendente dos antigos ídolos de pedra dos templos, é a imagem degenerada de um Deus" ("O ator e a supermarionete", in *Sobre a arte do teatro*, 1911). E a *supermarionete* não é de forma alguma um ator melhorado ou desumanizado, mas um instrumento que conduz o teatro às margens do sagrado, se é verdade que a maioria dos rituais recorreu à efígie e à sua exibição processional:

> [A supermarionete] "não rivalizará com a vida, mas irá além; ela não figurará o corpo de carne e osso, mas o corpo em estado de êxtase e, enquanto emanar dela um espírito vivo, se revestirá de uma beleza mortal. (Ibid.)

O recurso ao *manequim* é também uma das propostas da teoria artaudiana. O traço comum à *supermarionete*, ao *manequim* e às *puppetts* é seu gigantismo e seu hieratismo. Artaud defende a presença no palco de "manequins de dez metros de altura representando a barba do Rei Lear na tempestade" ("O teatro da crueldade", primeiro manifesto, in *O teatro e seu duplo*). Esses manequins pertencem a uma população de figuras enigmáticas e desproporcionais que arrancam o teatro do mimetismo para reportá-lo a suas origens litúrgicas, "personagens hieróglifos, figurinos rituais ..., instrumentos de música grandes como homens, objetos de forma e destinação desconhecidas" (Ibid.).

Artaud falava bem misteriosamente de um "princípio de atualidade", que deveria, para além de qualquer referência circunstancial imediata, conferir à representação o poder de abalar. As cerimônias do Bread and Puppett também são ancoradas nessa atualidade que constitui o território onde os oficiantes e fiéis podem se reunir em uma comunhão (*religare*...). *Fire*, em 1966, mostra, em um ritmo de extrema lentidão, a vida cotidiana de uma aldeia vietnamita. Guerra. Bombardeios. Mas nenhum realismo na representação. O sacrifício de uma mulher através do fogo é sugerido pela utilização de uma fita vermelha com a qual envolve progressivamente todo o seu corpo... Aliás, o Bread and Puppett reutiliza as figuras fundamentais do cristianismo, ou o princípio da procissão (na Quinta Avenida de Nova York!), "duplo" das "marchas pela paz" que então denunciavam a guerra do Vietnam.

Teatro sem ação, ele inventa liturgias em que a atualidade é como captada e metamorfoseada pela mais arcaica das memórias, por essa faculdade que a humanidade tem de dar sentido ao incompreensível forjando mitos. As cerimônias do Bread and Puppett materializam assim um universo saído do fundo das idades, povoado de dragões e de gênios, figuras tiradas tanto da mitologia grega como da Bíblia, tanto da mais alta antigüidade como da mais recente atualidade. Um universo onde podem ficar lado a lado harmoniosamente a Besta do Apocalipse e um bombardeiro americano!...

É também a uma memória sepultada que Bob Wilson recorre para desenvolver rituais obsessivos, às vezes indecifráveis, mas de uma inegável perfeição plástica. A imagem — permanência/metamorfose — e o movimento — lentidão/repetição — são a linguagem desse teatro que bane quase completamente o discurso articulado. O espetáculo pelo qual se revela ao público francês, em Nancy em 1971, não se intitula, significativamente, *O olhar do surdo*? Antigo dançarino, Wilson trabalha com predileção sobre o gesto. Inscreve-o em uma temporalidade tão diferente — a da duração vivenciada, e do tempo estilizado do teatro — que ela adquire com isso uma estranheza radical. Figuras fazem gestos de tal lentidão que o movimento, embora bem real, é dificilmente perceptível. Ou então, em uma espécie de *perpetuum mobile*, um corredor atravessa e reatravessa o tablado. Minutos como que congelados, e que no entanto passam, modificando sutilmente o próprio sentido do tempo no espectador. *O olhar do surdo* encadeia imagens hieráticas e secretas durante sete horas! Quanto à palavra, como já preconizava Artaud, é utilizada em função da energia física por ela difundida, e não para dizer ou para mostrar. Gritos ou salmodias, ela fornece uma música primordial que se soma à utilização de composições instrumentais cujas potencialidades repetitivas e alucinatórias desempenham um papel essencial. Enfim, o universo wilsoniano é povoado de figuras exageradamente aumentadas, manequins ou atores. Artaud teria apreciado a utilização, em *Death, Destruction and Detroit*, de uma lâmpada elétrica de três metros de diâmetro...

Todos esses cerimoniais aspiram a transcender a futilidade de uma representação banal. O teatro não encontrará nunca uma sacralidade perdida caso se contente em ser um livro de imagens, mesmo suntuosas. Eis claramente por que Artaud insistia tanto na força de abalo que devia emanar da liturgia teatral, e por que exigia que os atores fossem capazes de colocar os espectadores em estado de transe. Em Wilson, o poder do teatro passa antes pela fascinação e pelo onirismo. Se consegue aceitar a temporalidade desse teatro, o espectador sai dele como se voltasse de um além-mundo ainda nunca explorado.

O "princípio de atualidade" não está ausente desses rituais mesmo não circulando neles senão de maneira elíptica e alusiva. *Einstein on the Beach* (1976) tem a ver com a explosão do átomo. *Death, Destruction and Detroit* (1979), montada em Berlim — Berlim cortada em duas por seu Muro — fala da História como de um mecanismo esquizofrênico.

Os repetidos sucessos internacionais que obtém o teatro wilsoniano atualmente provam que os modelos de Craig e de Artaud não são utopias apenas porque faltam a vontade, os recursos e a técnica para encarná-las. Porém, no momento em que os templos se esvaziam, talvez o saltimbanco seja o celebrante do qual as sociedades ocidentais mais laicizadas conservam a nostalgia...

5. A exigência sacrificial

A crueldade e o transe

A utopia artaudiana, novas imagens... O modelo de Artaud seria completamente descaracterizado se ocultássemos essa categoria que é como seu núcleo irradiador: a *crueldade*.

Há apenas uma maneira de arrancar o teatro de suas irrisórias rotinas miméticas, pensa Artaud: redefinir sua vocação como uma experiência dos limites. A partir de 1926, proclama:

> Representamos nossa vida no espetáculo que se desdobra no palco. (*Primeiro manifesto do Teatro Alfred Jarry*)

E esse é claramente o ponto-limite que fascina todo o teatro do sacrifício: substituir o simulacro de uma representação por um acontecimento real em que a vida e a morte estariam em jogo. Eis por que o teatro artaudiano recusa a reiteração. A própria noção de repetição é incompatível com a de acontecimento. Um acontecimento não poderia ser repetido em cena sem degenerar em simulacro e perder toda eficácia.

Esse teatro está vinculado a um perigo de dupla polaridade. Aquele ao qual se expõe o ator artaudiano, esse ator que Artaud compara a um supliciado que nos dirigiria sinais através das chamas de sua fogueira... E aquele que persegue o espectador. Esse espectador que, diz Artaud, "deve estar bem convencido que somos capazes de fazê-lo gritar" (Ibid.).

Tal teatro excede os limites de qualquer teatro. Sonha em tornar-se experiência vital, prova iniciática da qual o espectador sairia metamorfoseado e, de certa maneira, purificado a exemplo do fiel que participa dos sacrifícios prescritos por sua religião. Eis o tema da "curação cruel", na terminologia artaudiana.

Essa a razão por que colocar em transe o espectador se torna um objetivo fundamental. O transe é provavelmente o único meio de fazê-lo perder de vista referências que o protegem, de mergulhá-lo, oferecido e vulnerável, no turbilhão da Crueldade. Todavia — Artaud o repete diversas vezes — o ator tem que provocar o transe, não experimentá-lo. Trata-se de uma técnica que ele deve aprender a dominar. "Saber previamente os pontos do corpo que é preciso tocar é lançar o espectador nos transes mágicos" (*O teatro de Séraphin*, 1936).

Está claro, para Artaud, que se a prática do teatro fosse capaz de proporcionar ao espectador a experiência do transe, isto é, a vertigem de uma perda de identidade alucinatória, ela adquiriria um poder como o da mágica, conseguindo, justamente com isso, transpor os limites tradicionais da representação mimética.

O modelo ao qual se refere Artaud é espiritual e religioso. Laicizado, o transe é apenas um fenômeno de diluição do eu no seio de uma instância coletiva unificada (pela música, a dança, a droga...). O transe religioso é uma experiência "eficaz". Faz o indivíduo alcançar uma identidade maior, mais forte, mais sólida. Transforma-o e purifica-o permitindo-lhe apreender e governar de outra maneira sua existência.

A dificuldade com a qual se chocaria a teoria artaudiana era precisamente o problema da fé. Para que haja transe, é preciso que haja comunidade e comunhão. Que um público, homogêneo em função disso, adira totalmente a uma crença, que adore uma ou mais divindades das quais espera socorro por meio da "possessão". Essa condição prévia da adesão coletiva é essencial para o desencadeamento da "crise" e para sua virtude curativa.

Ora, o teatro que Artaud sonha transformar nesse sentido é o teatro ocidental, ou seja, uma arte que se apóia em um público laicizado e concreto. Laicizado, não mantém senão laços frouxos com a metafísica. Suas crenças se individualizaram e fragmentaram. Um acredita no Inferno, outro não! E a idéia da "possessão" se dissolve em uma abordagem crítica e antropológica. Esse público não é mais uma comunidade soldada em e por uma crença coletiva, mas uma justaposição de indivíduos heteróclitos. A própria idéia que ele faz do teatro varia de um para outro. Com isso, não se vê como um ator padre estaria em condições de desencadear o transe. Artaud não parece ter tido consciência dessa dificuldade. Ainda mais que não sonha absolutamente com um teatro das catacumbas reservado a um núcleo de devotos cimentado pelo ardor da mesma fé, mas, muito pelo contrário, com um teatro ritualizado que se desdobraria diante de massas imensas.

■ *A "peste" em Nova York*

Em 1958, Julian Beck e Judith Malina, que tiveram uma companhia de vanguarda em Nova York, o Living Theatre, descobrem a obra de Artaud. Descoberta que os leva a colocar novamente em questão sua própria abordagem do teatro, a qual centrava-se no texto. Tiram daí a convicção de que as palavras, por seu próprio agenciamento, permanecem um produto do intelecto incompatível com a perturbação do espectador. Perturbação quer dizer abalo que só pode ser transmitido pelo encontro dos corpos, pela deflagração de uma energia vital.

O que eles meditam em particular, nos escritos de Artaud, é a famosa metáfora da *peste* sobre a qual se edifica essa utopia de um teatro sacrificial. A epidemia, diz Artaud, provoca uma formidável explosão liberadora. Pestífero, condenado a uma morte iminente, o homem se entrega a forças interiores que recalcava em tempo normal, isto é, no âmbito do funcionamento das normas morais e sociais que a peste deslocou. O pestífero, afirma Artaud, vai até o limite de si mesmo em uma espécie de consumição do imaginário, em uma espécie de estado sonambúlico em que a representação e o gesto se juntam à necessidade do ato real. Esse cataclismo íntimo é tornado possível pela mutação que a epidemia impõe ao tempo. De fato, ela impede qualquer futuro. Encerra o indivíduo em um presente congelado e mortífero. Assim, o pestífero é, na visão artaudiana, o "duplo" do ator do Teatro da Crueldade. Espécie de xamã, assume, corpo e espírito, a violência de um mal em que se polarizam as forças negras que trabalham o mundo. Mas, diferentemente do pestífero que pode consumir essa energia em uma ação furiosa e, com isso, liberadora, o ator nunca pode atualizar essa violência interior no real. Portanto, ela se concentra nele, organicamente. Dota-o de um poder de irradiação cujo efeito sobre o espectador deve ser, literalmente, perturbador.

O palco então se torna um altar. O ator é ao mesmo tempo o sacrificador e a vítima. Porém, diz Artaud, o sacrifício do ator não poderia ser entregue à sua iniciativa pessoal. Para alcançar uma maior "eficácia", deve ser enquadrado por um ritual minucioso que o garantirá contra acasos imprevisíveis e incontroláveis. Nesse sentido, a noção de direção adquire uma nova necessidade. Combina técnicas — Artaud, infelizmente, não indica quais claramente — que deveriam permitir controlar, e portanto amplificar, essas forças obscuras que o ator traz à superfície e às quais deve dar uma forma e uma representação. Essas são as bases teóricas que o Living bebe em Artaud e que vão reorientar suas pesquisas.

O corpo e a voz oferecem recursos que a tradição mimética ocidental ignora ou subutiliza. Trata-se portanto de reencontrá-los, conhecê-los, desenvolvê-los e controlá-los. O que fornecerá ao ator meios de abalar o espectador no mais íntimo de si mesmo. Não mais no nível do intelecto, mas naquele dos afetos, do inconsciente, do orgânico.

Essa ação será igualmente ampliada por uma utilização calculada do espaço. Trata-se no fundo de inscrever o face a face do ator e do espectador em uma relação tal que o poder de irradiação do primeiro tenha as melhores chances de se difundir e de investir o segundo.

É preciso aqui levar em conta a identidade dupla do espectador: ao mesmo tempo indivíduo cercado por outros indivíduos, semelhantes e diferentes, e elemento constitutivo do público, diluído, fundido em um conjunto homogêneo que o absorve e o transforma provisoriamente.

O Living busca multiplicar o magnetismo do ator recorrendo a práticas orientais, praticamente ignoradas no Ocidente, teatrais mas também religiosas. A palavra é alternada, até mesmo substituída, com o emprego da energia orgânica difundida pela voz (grito, salmodia, canto...) e pelo corpo (gesto, dança...). A oferenda de si é inscrita em uma duração e em uma narratividade, talvez por consideração com os hábitos do público ocidental. Em outros termos, a deflagração sacrificial é preparada, conduzida pela representação, com seus tempos fortes, de um mito tradicional ou "moderno" (na medida em que, em se tratando de uma noção como o mito, as categorias da novidade conservam algum sentido). Esse mito constitui a trama do ritual.

Como vimos, Artaud pretende articular mitos e ritos de seu teatro a um "princípio de atualidade". É que a "curação cruel", a perturbação catártica do espectador, tem mais chance de intervir em um contexto narrativo e mimético em ressonância com suas angústias ou seus sofrimentos. O Living também se esforça por enraizar seus rituais em uma referência, muitas vezes colorida de naturalismo, à violência do real ou, mais exatamente, dessa realidade que caracteriza a sociedade americana dos anos 1960. *The Connection* tem como tema a "crueldade" (no sentido artaudiano do termo) que emana do consumo e das devastações da droga. *The Brig* é induzida pelas técnicas de condicionamento destinadas a transformar "marines" detidos em assassinos eficazes. Lavagem de cérebro, recalcamento de todo estado de alma, ocultação de toda reflexão crítica, desenvolvimento de reflexos de agressividade e de submissão e, como notou Roger Planchon, fantasias e pulsões sadomasoquistas. O objetivo do espetáculo não era fazer um discurso de denúncia humanista sobre práticas que a moral poderia reprovar, mas organizar o encontro do espectador com uma espécie de violência em estado puro. Encontro do qual era esperado um efeito de perturbação no fio direto da teoria artaudiana:

> Proponho então um teatro em que imagens físicas violentas triturem e hipnotizem a sensibilidade do espectador preso no teatro como em um turbilhão de forças superiores. (*O teatro e seu duplo*, "Pôr um fim às obras-primas")

O problema crucial, para tal teatro, é o da realização. Decerto, é fácil imitar a violência. Mas a simulação, percebida como tal pelo espectador, anula a eficácia sacrificial buscada. O teatro recai então na ordem do mimetismo naturalista.

O trabalho dos atores do Living vai portanto pretender resolver essa dificuldade. Claro, está excluído prescindir de todo mimetismo. Mas talvez seja possível conferir-lhe uma autenticidade nova através da interiorização aprofundada das situações e das relações que elas põem em jogo. Interiorizar o comportamento e as reações de homens expostos a punições cruéis e repetitivas, passar incessantemente do papel de carrasco ao de vítima e, inversamente, a ponto de tornar a violência tanto fisicamente presente e palpável como fisicamente intolerável.

Tal teatro não busca mais realizar o que era a vocação tradicional do ator ocidental, a encarnação de um personagem individualizado. Ele se concentra no enfrentamento-cumplicidade entre os guardiães-carrascos e os detidos-vítimas. Cada ator passa de um grupo para outro. Cada um passa portanto por toda a gama das emoções inerentes à relação de violência, pânico da vítima ou resistência ao deslocamento do eu, gozo sádico ou indiferença burocrática do carrasco. O ator portanto não está mais encerrado em um papel. O espectador não é mais capaz de se identificar com um personagem nem entrar no jogo de um patético que o levaria a se apiedar das vítimas e a condenar os carrascos. Como queria Artaud, ele é preso no turbilhão de uma violência nua, ao mesmo tempo comprometido e triturado por ela.

Da peste libertadora à oferenda de si

Em 1965, alguns privilegiados vindos da Europa ocidental puderam assistir a manifestações do teatro-laboratório dirigido em Wroclaw por Jerzy Grotowski. Antes rituais do que espetáculos. Todos fazem a aproximação com o Teatro da Crueldade. No entanto Grotowski só tardiamente leu *O teatro e seu duplo*. Sua teoria, mesmo que concorde freqüentemente com o modelo artaudiano — no plano dos princípios, aliás, mais do que no das práticas —, é portanto original. No máximo essa concordância lhe permite sublinhar a força de uma aspiração à ressacralização do teatro, que, aparentemente, não conhece fronteiras.

■ *Uma experiência vital*

Assim como Artaud, Grotowski se empenha em redefinir a finalidade do teatro. Não mais simulação mais ou menos mimética, mais ou menos estilizada e, em todos os casos, zombadora, mas experiência vital que deve engajar totalmente o par ator-espectador.

Um "laboratório" é um lugar fechado, isolado. Pesquisas são aí elaboradas graças à participação de um pequeno número de iniciados que a isso se dedicam integralmente. É precisamente assim que funciona o "Teatro-Laboratório" de Wroclaw. Grotowski desfaz a armadilha na qual caíra Artaud, convencido de que a violência sacrificial poderia funcionar com um público amplo habituado a teatros tradicionais. Um dos fundamentos do modelo grotowskiano é a confidencialidade. Apenas espectadores profundamente motivados terão acesso às "experiências" do Teatro-Laboratório. E em número reduzidíssimo. E quando Grotowski julgar que essas "experiências" podem ou devem ser realizadas em público, o que nem sempre é o caso.

Pois esse teatro também tenta explorar esse continente misterioso que é a relação entre o ator e o espectador. Relação de *contato* que exige que cada ator estabeleça com cada espectador um laço singular pessoal. Tendo em vista as capacidades do ator, a experiência mostra que semelhante exigência não pode mais ser cumprida a partir do momento em que cada ator deve se confrontar com mais de uma dezena de espectadores. Considerando que a equipe do Teatro-Laboratório tem apenas um punhado de atores (cinco a seis), pode-se deduzir o número máximo de espectadores aceitável: cerca de sessenta.

No início de tudo, uma análise histórica: confrontado ao cinema, depois às técnicas audiovisuais, o teatro se revelou incapaz de redefinir sua função e seus meios. Do mesmo modo, pouco a pouco perdeu sua especificidade. Por não ter sabido inventar caminhos originais, esgotou-se em uma tentativa vã de imitar o cinema. Esse teatro perde todas as partidas, uma vez que as técnicas do cinema são incapazes de serem utilizadas no palco e que a mestiçagem do espetáculo pelo cinema (projeções, telas múltiplas etc.), a despeito de alguns êxitos pontuais (Piscator), nunca deu resultados muito convincentes.

Grotowski chama esse teatro de *teatro rico*. Ele dispõe cada vez mais de recursos materiais e técnicos, mas se tornou incapaz de inventar e afirmar sua necessidade. Está estagnado entre as outras artes. Para se proporcionar um ar de juventude, toma emprestado tudo o que pode das artes que, por seu lado, souberam redefinir sua modernidade, isto é, proceder a uma verdadeira metamorfose, como o fez a pintura, confrontada, no século XIX, ao surgimento da fotografia. Assim, o teatro rico é apenas uma arte abastardada, hipertrofiada e como sufocada por uma gordura malsã.

Ao teatro rico Grotowski opõe então o ideal de uma arte pobre.[9] Trata-se de saber o que, no ato teatral, é irredutível. Pode-se sacrificar tudo ao teatro, afirma Grotowski: cenários, figurinos, música, iluminação, texto etc. Tudo, salvo uma coisa, que, por isso mesmo, revela-se seu núcleo vital: a relação ator-espectador. Suprima-se um desses dois termos, e estará se aniquilando, ao mesmo tempo, o fenômeno teatral. Um espectador diante de um espaço vazio de atores sentirá talvez uma emoção estética. Esta não será, por isso, uma experiência teatral. E um ator privado desse face a face que o contempla não pode senão se dissolver no narcisismo, já que se torna, em suma, seu único espectador. Aí também, se trata de uma deriva que nada mais tem a ver com o teatro.

Em contrapartida, o fator quantitativo é desprezível. Para que haja teatro, não há necessidade alguma de figurantes ou de numerosos protagonistas, nenhuma necessidade de uma multidão chamada público. É preciso e basta que haja *um* ator se produzindo diante de *um* espectador, cada um se comprometendo a assumir seu papel e sua função próprios perante o outro. Esse respeito mútuo do "contrato" de representação é indispensável ao próprio nascimento do teatro. É este postulado que define a área das pesquisas do Teatro-Laboratório.

■ *Um ato de desvelamento*

Essas pesquisas se interrogam sobre a função e o funcionamento do ator. Resulta disso um requestionamento de praticamente todas as bases da tradição ocidental e, para além, uma redefinição do teatro. No centro de um teatro pobre, isto é, reduzido ao essencial, o ator não poderia utilizar técnicas e recursos que não parecessem absolutamente indispensáveis ao exercício de sua arte. Assim, Grotowski o leva a renunciar a todos os artifícios que, ordinariamente, ajudam no trabalho de simulação e de ilusão, figurinos, maquiagem, elementos postiços... A renunciar inclusive, mais radicalmente ainda, ao *personagem* enquanto figura *encarnada* pelo ator. Isso significa eliminar do teatro a própria base de seu ilusionismo... O ator renuncia, ao mesmo tempo, a se apagar por trás do personagem, a se aniquilar nele. Não busca mais fazer acreditar em sua existência de ser vivo...

Em suma, Grotowski impõe ao ator um trabalho de despojamento rigoroso. No final dessa ascese, deve se encontrar sozinho e nu diante de si próprio e do espectador. Então estará em condição de alcançar, e deverá consegui-lo, o estágio do *desvelamento pessoal.*

O ator grotowskiano, e tudo em que podemos vinculá-lo ao modelo do teatro sacrificial, se oferece ao espectador sem mediação. Perante ele, entrega-se a uma exploração de seu universo interior mais profundo.[10] É preciso que ele, por um trabalho meticuloso, o exteriorize e formalize. Se esse ato de *desvelamento* não for viciado por certos defeitos (complacência narcísica, histrionismo...), que o fariam escorregar na inautenticidade, irá adquirir aquele poder de irradiação que vimos constituir o objetivo fundamental de qualquer teatro do sacrifício. Essa irradiação envolve então um espectador presumivelmente disponível (a motivação interior) e o perturba, desencadeando nele, como por contágio, um processo de autoexploração e de descoberta pessoal.

A autenticidade, como concebida, é a condição *sine qua non* para o advento de tal teatro. As pesquisas do Teatro-Laboratório visam portanto definir e depreender o caminho dessa autenticidade, e designar os obstáculos as serem transpostos. Os dois principais são o *exibicionismo* e o *narcisismo.*

O ator exibicionista atua *para* o espectador. Busca lisonjeá-lo, ou provocá-lo (mas a provocação é sempre apenas a versão agressiva do lisonjeio). Ao fazê-lo, recai na artificialidade. Na simulação e na dissimulação. O ato de desvelamento se torna trucado, inautêntico, inútil. Isso consiste, na terminologia grotowskiana, no ator *cortesão* ou *prostituído.*

> O ator não deve representar para os espectadores, deve representar *perante* os espectadores, na *presença* dos espectadores: mais que isso, deve fazer um ato autêntico no lugar dos espectadores. (*Em busca de um teatro pobre*).

O risco do *narcisismo* se situa no extremo oposto. O ator narcísico oculta o espectador, substituindo-o e represando-o apenas para si. Ao fazer isso, enreda-se em outra mentira. Escamoteia a dificuldade fundadora da relação com o outro (o espectador) e transforma o desvelamento de si em uma dança complacente na frente do espelho.

Coloca-se então o problema da prática, isto é, da formalização do ato de desvelamento. O ator grotowskiano não se beneficia mais do suporte-tela que constituía o personagem tradicional. Não deve, por isso, se entregar ao espontaneísmo. Grotowski, a esse respeito, é mais que reservado no que concerne ao *happening*, prática na moda vinda dos Estados Unidos na mesma época e que pretendia, no contexto do pensamento psicanalítico, criar um espaço desinibido onde cada um, ator e espectador ao mesmo tempo, pudesse liberar as forças obscuras recalcadas na vida social. O *happening* visa o autodesvelamento e conta com um efeito de contágio. Mas escamoteia o problema da relação ator-espectador, uma vez que recusa a distinção das duas instâncias. Assim, não dá atenção à questão da formalização. Ao contrário. A formalização é vista como suspeita. Não seria ela uma astúcia do inconsciente para restabelecer uma ordem e uma "legalidade" ausentes no procedimento do *happening*? Grotowski, de seu lado, insiste no fato de que o ato de *desvelamento* do ator, para ser eficaz, isto é, para ter uma repercussão sobre o espectador, deve não apenas ser autêntico, mas também decifrável. É importante portanto fazê-lo passar pelo canal de uma forma refletida que, finalmente, deixará pouco espaço para a improvisação. Contrariamente a uma idéia ingênua, justamente a do *happening*, a pseudoliberdade que parece garantir a improvisação e a ilusória autenticidade de um jorro descontrolado fazem o ator fracassar no "escolho do indefinido, do caos, da histeria, da exaltação" (Ibid.).

Eis por que Grotowski, embora elimine o *personagem*, quer dizer, a armadilha mimética, não renuncia ao *papel* enquanto forma estruturada, portanto decifrável. Mas inverte completamente os termos da relação tradicional do ator com esse papel. Não é mais a base material que permite ao ator investir um personagem e lhe dar vida, mas uma espécie de trampolim que ajuda a formalizar o desvelamento de si. Não é mais portanto o ator que será escolhido em razão de afinidades com este ou aquele papel, mas, inversamente, o papel é que será eleito, pelo ator, em função das ressonâncias que pode ter com seu psiquismo e sua experiência vital. O papel, com isso, livre do personagem, torna-se um material sem eixo. Trampolim, mais uma vez, mas também base. O ator grotowskiano não "interpreta" seu papel. Não o "representa". Apóia-se nele para elaborar uma "partitura", ou seja, um sistema formalizado de "signos" que permitirão ao ato de desvelamento ser legível, controlado e reiterado.

Esse teatro coloca evidentemente a questão do diretor. Qual é seu lugar e sua função? Pode pretender a esse poder ditatorial que para ele reivindicam Craig e Artaud? O desvelamento de si não tem por corolário uma autonomia e uma liberdade do ator?

De fato, para Grotowski, o diretor deve se transformar em *guia*. Ele é o primeiro espectador do ator, o mais disponível também, o mais "motivado". Deve ajudá-lo em todas as etapas dessa descida ao fundo de si mesmo e depois da formalização do desvelamento — que são ao mesmo tempo difíceis e perigosas. Cria em torno de si um clima de quietude afetiva. Pois a sensação de insegurança, o encontro do olhar crítico ou irônico, é prejudicial a qualquer empreendimento. O ator se crispa. Como paralisado, torna-se incapaz dessa doação de si que se espera dele.

Nesse teatro, a função do ator é ao mesmo tempo crucial e precária. O mimetismo tradicional permitia assentar a estabilidade da representação e garantia a possibilidade de sua reiteração. Com Grotowski, o teatro se torna exploração dos limites. Encontra-se em perigo permanente. Do mesmo modo, o fracasso ameaça constantemente o processo de desvelamento, bloqueio interno ou deriva em direção às complacências e às trucagens da inautencidade.

■ *O "desejo" do espectador*

Pode-se imaginar que a posição do espectador seja aqui capital. Sua própria presença favorece o processo ou o torna impossível. Eis por que Grotowski estabelece um "perfil" do espectador e por que sua iniciativa, ao contrário do modelo artaudiano, recusa-se a se abrir ao primeiro que aparece. O espectador deve ser um parceiro ativo do ator. O amante do divertimento ou mesmo da cultura não lhe será de nenhuma utilidade. O espectador deve não só aceitar, mas desejar o desvelamento do ator. Deve engajar-se sincera e ativamente em suas fileiras. Deve ser seu "duplo". Nesse contexto, Grotowski sonha com uma formação do espectador. Eis por que certas sessões de trabalho do Teatro-Laboratório são abertas, até mesmo dedicadas, a ele. Elas devem permitir aprofundar o conhecimento das modalidades que presidem a relação ator-espectador.

Uma relação que descobre e assume sua violência. O espectador deve permitir ser investido pela "corporeidade" do ator. Por seu olhar, seu hálito, seu suor. Trata-se em primeiro lugar da deflagração de um contato carnal. Aliás, Grotowski o compara explicitamente a "um ato de amor entre dois seres que se amam do amor mais profundamente enraizado, o mais autêntico" (Ibid.).

Semelhante fusão requer a *proximidade*. Isto é, o modelo grotowskiano deve, por sua vez, se interrogar sobre a questão do *espaço*. A habitual distância induzida pela estrutura à italiana, ou seja, pelo face a face de uma platéia e de uma caixa cênica, impossibilitam a iniciativa grotowskiana.

> Convém então suprimir qualquer distância entre o ator e o espectador, eliminar o palco, abolir qualquer fronteira. Que aquilo que há de mais violento seja representado face a face, que o espectador esteja ao alcance da mão do ator ... (Ibid.)

O pequeno número de espectadores admitidos em uma representação (empregamos este termo impróprio na falta de algo melhor), o abandono das técnicas do teatro *rico* permitem a Grotowski recorrer ao espaço mais restrito, isto é, o mais favorável ao contato ator-espectador. Tal espaço permite também estudar diferentes modos de relações possíveis entre ambos. Às vezes o espectador está totalmente integrado a um dispositivo em que nenhuma fronteira o separa mais do ator, a ponto de seu status se tornar equívoco. Assim, em *Kordian* (1962), ele está sentado sobre leitos metálicos de um asilo de loucos, iluminado por spots. Cada espectador é, para os outros, motivo de espetáculo. Ele se confunde mais ou menos com os atores que estão inscritos no mesmo espaço e na mesma situação. De resto, inversamente, ele está deliberadamente colocado em posição de exclusão, transformado em *voyeur* que, para assistir ao espetáculo, deve ter a sensação de cometer um ato de transgressão. Em *O príncipe Constant* (1965), contempla a paixão e o suplício do príncipe, preso atrás de uma alta barreira de madeira. É obrigado a adotar uma posição desconfortável (deliberadamente, os assentos foram colocados bem longe da barreira) que lhe evoca física e constantemente o caráter transgressivo do ato de voyeurismo que está cometendo.

Se Grotowski pode ser vinculado ao teatro do qual Artaud se fizera profeta, é porque ambos têm uma nostalgia comum do sagrado. Grotowski teve uma superioridade sobre Artaud. Proporcionaram-se os meios de verificar constantemente a pertinência de suas hipóteses teóricas; assim, o modelo que elabora está bem distante das propostas, sempre um pouco livrescas, de Artaud. Em todo caso, encontram-se em um ponto. Semelhante teatro só se realizará pelo "sacrifício" do ator, por uma verdadeira "oferenda de si". Artaud provavelmente pressentira isso. Em sua famosa conferência do Vieux-Colombier, em 13 de janeiro de 1947, para espanto geral, ele se tornara como o ancestral de todo ator grotowskiano! Gide:

> Encontramos aqui o ator maravilhoso que esse artista podia se tornar: mas era seu próprio personagem que ele oferecia ao público, com uma espécie de cabotinismo desavergonhado, em que transparecia uma autenticidade total. (*Combat*, 14 mar 1948)

Esse "sacrifício" incendeia o teatro! Transforma a representação mimética em um desses acontecimentos que não se dão duas vezes. Aventura, exploração dos abismos de onde nem o ator nem o espectador deveriam sair incólumes. Quebrar as máscaras cotidianas, diz Grotowski. Fazer vir à luz as forças obscuras que o homem traz consigo, diz Artaud...

Um teatro assim é ascese. Os atores que aceitam participar do empreendimento devem aceitar se enclausurar e romper com o mundo exterior, e não há dúvida de que Grotowski gostaria de poder impor regra semelhante ao espectador. Isso significa perigo. O ator que assume o risco de se desestabilizar levantando todas as defesas, todas as censuras que contribuem para seu equilíbrio, flerta com a loucura. O que explica que, a despeito de um sucesso internacional a partir de 1965, o modelo grotowskiano não tenha angariado senão poucos discípulos.

Por razões bastante misteriosas, Grotowski renunciou bruscamente a prosseguir o trabalho feito em Wroclaw. Talvez lhe tenha parecido evidente que o sucesso era um veneno insidioso. Que a oferenda de si à qual o ator se entrega não podia ser autêntica a não ser em uma espécie de clandestinidade das catacumbas. E que, sob o fogo da mídia, da moda, ela inevitavelmente degenera em simulação.

Em suma, a partir dos anos 1970, o sonho artaudiano alternado pela experimentação grotowskiana desaparece das preocupações dominantes. A ascese sacrificial, transformada em efeito de moda, tornava-se uma mascarada. A autenticidade devia explorar novos caminhos...

6. O teatro reteatralizado

O teatro tem a nostalgia do virtuosismo, que ele assimila a uma forma de pureza. E depois o público adora uma proeza! Virtuosismo do ator: pensemos nos espantosos *lazzi*[11] da *commedia dell'arte*. Virtuosismo do cenógrafo: vejam o teatro de "máquinas" a partir do século XVII... Esse sonho de virtuosismo toca às vezes também os dramaturgos, como testemunham os assombrosos mecanismos aperfeiçoados por um Feydeau freqüentemente comparado a um gênio relojoeiro.

Imagina-se que o diretor, impondo-se contra o autor, afirmando a supremacia do palco sobre a escrita, tenha explorado de bom grado todos os recursos da *teatralidade*. Ele recusa que o teatro fique estagnado por elementos heterogêneos que são da alçada da filosofia, da psicologia ou da política.

Representar por representar

Um dos maiores pioneiros do século XX, nesse caminho, é sem dúvida o diretor russo Meyerhold. O título de seu ensaio mais importante,

Um teatro teatral, exibe claramente sua ambição. Ao recusar o ponto de vista de seu mestre Stanislavski, recusa-se a encerrar o teatro no mimetismo imposto pela tradição naturalista. O virtuosismo do gesto e do corpo, a acrobacia e a dança se tornam, em detrimento da "recitação" e da "declamação", as ferramentas essenciais da representação meyerholdiana.

Do mesmo modo, o cenário se transforma em "dispositivo cênico", no sentido de que deixa de ser a réplica mais ou menos exata de um modelo recortado no real. Torna-se pura estrutura, arquitetura abstrata oferecendo pontos de apoio e trampolins para os corpos dos atores. Em suma, não mais uma imagem, mas uma máquina de atuar que reanima todas as dimensões do espaço.

O figurino conhece a mesma metamorfose. Os atores meyerholdianos são vestidos com uma espécie de malha azul que favorece a liberdade e a flexibilidade corporais, mas que não faz referência alguma ao real.

As técnicas de atuação decorrem dos princípios da *biomecânica*, uma teoria que — como sugere seu nome — se interessa pelo ator como uma máquina viva. São excluídos a intepretação psicologizante, o "reviver" stanislavskiano que exigia que o ator buscasse no âmago de sua memória a lembrança de uma emoção homóloga (idêntica ou equivalente) àquela que tem a representar. Suas referências são a *commedia dell'arte*, as práticas do Extremo Oriente, o universo dos clowns, dos acrobatas, dos saltimbancos. Eis também por que Meyerhold ressuscita uma ferramenta que a tradição realista fizera cair em desuso: a *máscara*, que, corretamente utilizada, permite criar uma silhueta evocadora sem voltar ao pontilhismo psicologizante.[12]

A forma e a memória

Essa fascinação pela teatralidade pura e essa convicção que ela incorpora das potencialidades esquecidas não vão mais deixar de obcecar o teatro ocidental, fundando um verdadeiro modelo teórico que será atualizado em realizações variadas, e talvez reportando o teatro à memória de si próprio.

Copeau, que já encontramos, fica exasperado pelo decorativismo dos Balés Russos que extasiam o público parisiense do início do século. Preconiza, em fórmula que se tornará célebre, o "tablado nu". Isto é, a eliminação de toda maquinaria, de todo ilusionismo cenográfico. O teatro deve ser proibido para o eletricista, para o engenheiro. Deve descobrir uma austeridade que convenha à arte do ator. Pois esse teatro deve ser exclusiva e integralmente seu domínio.

Modelo que não deixará mais de inspirar os diretores. Um exemplo entre mil, *Ubu* montado por Peter Brook em 1977.

> Brook continua a cerrar seus signos, aproximando-se o mais que pode da tábula rasa onde dança o ator-rei. Um simples tijolo sob seus pés se torna colina ou, levado à boca, um pedaço de carne. Uma enorme bobina com fios emprestada por operários é um trono ou um castelo. A direção com aparência do "Kyogen", esse espaço grotesco entre parênteses no "nô" trágico. (Jean-Pierre Léonardini, "Uma suavidade inflexível", in *Festival de outono em Paris, 1972-82*, 1982)

O modelo meyerholdiano oscila entre uma necessidade de despojamento, um desejo de nudez, de pureza que visam devolver o teatro a seu núcleo fundador (o ator) e uma exuberância barroca que não hesita em mobilizar todo tipo de técnicas postas ao serviço dessa exploração da teatralidade. Os atores não são encerrados em um papel único. Podem inclusive figurar elementos inanimados. É o princípio da montagem, a regra da heterogeneidade, uma estética da ruptura conjugando as técnicas mais diversas, pantomima, guignol, music-hall, bufonaria...

■ *Tradições reencontradas*

Deve-se a Meyerhold e a Copeau (a Craig também) a ressurreição do que aparece hoje como um dos mitos mais presentes no teatro moderno, a *commedia dell'arte*. Teatro sem texto senão o improviso, portanto teatro sem rastro, constitui provavelmente o próprio paradigma de um virtuosismo soberano do ator.

Essa fascinação é uma fonte de inspiração transmitida de geração em geração. Na Itália, Giorgio Strehler dirige, em 1947, um *Arlequim, servidor de dois patrões*, de Goldoni. Marcello Moretti faz nela um Arlequim deslumbrante. Essa realização irá tornar-se algo como uma "peça cult" (no sentido em que se fala de "filmes cults") do teatro contemporâneo. Strehler a repetirá e renovará em diversas ocasiões, e ainda em 1989! Na França, Ariane Mnouchkine e seu Théâtre du Soleil montam em 1975, já mencionamos, um soberbo espetáculo em que as técnicas acrobáticas da *commedia*, seus personagens fixos (Arlequim, Pantaleão etc.), suas máscaras, seus *lazzi*, são projetados em um enredo de atualidade (a exploração e a exclusão dos trabalhadores imigrantes).

Ao modelo meyerholdiano devemos também a exploração de uma memória do teatro que podemos chamar "exótica". Uma memória cada vez mais reativada pelas viagens individuais, as turnês, os festivais... O teatro descobre práticas milenares estranhas a qualquer impregnação realista. Artaud, como vimos, ficara deslumbrado com a "rigorosa matemática" daqueles dançarinos balinenses que descobriu na Exposição Colonial de 1931. Um quarto de século mais tarde, Sartre e Simone de Beauvoir, dentre muitos outros, ficam maravilhados com os faustos da Ópera de Pequim que Paris recebe em 1955. Um pouco mais tarde ainda, Roland Barthes proclamará, não sem razão, que o *bunkaru* japonês é uma das formas mais bem acabadas do teatro (*O império dos signos*, 1970). E todos farão questão de esquecer que Brecht estudara com interesse as técnicas de atuação dos atores chineses; que Grotowski, com o mesmo objetivo, efetuara *in situ* uma longa temporada de pesquisa...

Todas essas tradições alimentam cada vez mais intensamente a nostalgia de um "teatro teatral". É que são estranhas à idéia da mimese realista. Desenvolveram um conjunto de técnicas de virtuosismo codificadas. O canto, a dança, a acrobacia têm tanta importância aí quanto a atuação dramática.

Essa complexidade, essa perfeição, essa estranheza radical — tudo provavelmente inibiu o teatro ocidental por muito tempo. E é bem verdade que os atores europeus não conseguiriam dominar o nô, o kabuki ou o kathakali em alguns meses. O que provavelmente explica que tenha sido necessário esperar uma data recente para ver essas tradições extremo-orientais inspirarem e renovarem o teatro francês com o ciclo Shakespeare do Théâtre du Soleil (1981-84) que mobilizava alternada ou simultaneamente a estilização épica do kabuki (*Ricardo II*, *Henrique IV*) e a sensualidade refinada do kathakali (*A noite dos reis*, *Henrique IV*). Ou com a trilogia do *Mahabharata* (1985), uma das iniciativas mais ambiciosas e mais bem realizadas de Peter Brook, contando a um público ocidental os grandes episódios da cosmogonia hindu...

■ *O ludismo de Vitez*

No teatro francês contemporâneo, Vitez é provavelmente um daqueles para quem o modelo meyerholdiano foi uma fonte de inspiração quase constante.[13]

A um teatro museográfico, a uma representação imponente em seu acabamento, objeto fechado sobre si mesmo e pretendendo a não se sabe que eternidade, Vitez prefere o esboço, o exercício de oficina, a improvisação e a experimentação. Uma vez que o teatro, de todo modo, é arte do efêmero, vamos aproveitar da situação!

Vitez trabalha portanto com um pequeno grupo de discípulos-cúmplices. Explora os recursos do ator. Interroga a eficácia do signo teatral. Pratica um teatro que, acima de tudo, é *atuação*, restituindo a esse termo sua acepção primeira. Como as crianças que, em uma soberba indiferença a qualquer mimetismo, constroem sua brincadeira sobre uma injunção hipotética das palavras: "E se fôssemos ladrões..." Do mesmo modo, Vitez: E se representássemos essa farsa como tragédia? Esse drama como bufonaria? E você, que faz Dom Juan, se fizesse Sganarella? E por que não Elvira?

A divisa de Vitez é : "Pode-se fazer teatro de tudo."

Esse ludismo, esse desrespeito aparente, restitui às obras-primas do repertório o frescor, a jovialidade do teatro de feira e da *commedia dell'arte* que Vitez nunca perde completamente de vista mesmo não buscando ressuscitá-la. É nesse espírito que monta *Andrômaca*. Exercício de escola, *work in progress*, sendo elaborado em cima de um "tablado nu" mobiliado com uma mesa, uma cadeira e uma escada que servirão ora de acessório necessário (o trono de Pirro...), ora de suporte para permitir à linguagem dos corpos inscrever-se no espaço. Atores e atrizes trocam de papéis independentemente de suas diferenças sexuais.

O mesmo ludismo reaparece um pouco mais tarde, em 1978, com uma tetralogia molieresca (*A escola de mulheres*, *O misantropo*,

Tartufo, *Dom Juan*). No mesmo cenário, os mesmos atores passam de um papel a outro, secundários ou protagonistas. E não seria ilegítimo ver na direção da versão integral de *Sapato de cetim* (1987), doze horas de espetáculo, a realização, em Vitez, do modelo meyerholdiano. Mas Claudel, com seu senso da representação, da derrisão, sua atração pelas formas chinesas e japonesas do teatro, a arte com a qual trama lirismo e bufonaria, parecia prestar-se a esse modelo desde sempre.

■ *... e de Ronconi*

Em maio de 1970, os *aficcionados* parisienses foram surpreendidos com a realização de um jovem italiano praticamente desconhecido, Luca Ronconi. Tratava-se de uma adaptação intensamente lúdica de *Orlando furioso*, poema épico e romance de aventuras de cavalaria do final do século XV. É, mais ou menos, para a cultura italiana o que *Dom Quixote* é para a espanhola, ou mesmo a *Canção de Rolando* para a francesa: um monumento do qual nunca nos aproximamos, salvo na escola quando se é jovem demais para apreciá-lo!

O teatro tradicional explode. O público evolui de pé em um espaço vazio. O face a face palco-platéia ainda está presente, mas sonsamente minado pela oposição de dois estrados, pranchas ridiculamente escondidas por dois panos de cena pintados em *trompe l'oeil*. Teatro à italiana, decerto, mas com dois palcos opostos. Como fazer?

Os personagens são nitidamente cavaleiros, uma vez que aparecem a cavalo! Mas seus puros-sangues admitem sem pudor seu caráter de máquina teatral. Esses heróis são puxados por carros de rolimãs manobrados por um pessoal que os faz circular "a galope" através de um público pasmo. Enfrentam, como previsto, um dragão, uma quimera, uma orca... Mas essas máquinas sobrevoam o espaço de representação exibindo seu artificialismo, seus cordames, suas polias, seu esqueleto de madeira, como aqueles objetos que as crianças integram em sua brincadeira, por uma decisão arbitrária livre isenta de toda coerção mimética, fazendo de uma cadeira um caminhão... Saborosamente, essas máquinas nos remetem ao mesmo tempo ao maravilhoso de nossa infância, à infância de nossa cultura e à infância do teatro.

Diversos episódios do poema de Ariosto são assim representados, torneios, combates, encantamentos, loucura amorosa... mas em um espírito de truculência e de zombaria paródica. Quanto ao espectador, é, queira ou não, parte integrante dessa brincadeira irresistível. Sua posição e sua mobilidade o obrigam a se fundir na massa de um público que, por sua vez, é sutilmente metamorfoseado em algum lugar da ação — mar, floresta, campo de batalha, labirinto.

Enfim, a ação não é mais sucessiva como no teatro tradicional. Ela explode simultaneamente nos quatro cantos do espaço. Atravessa a multidão em cima de carros. Localiza-se provisoriamente sobre os dois estrados. Em suma, tudo é feito para que o espectador não saiba mais para onde voltar a cabeça! Para que saia de sua passividade habitual e entre ativamente na brincadeira escolhendo a todo instante o fragmento da representação que irá acompanhar, o personagem ao qual vai se ligar por um momento, uma vez que igualmente não consegue mais abranger tudo como no teatro à italiana.

A principal virtude do modelo meyerholdiano se deve ao mesmo tempo à renovação formal que impõe e ao olhar que obriga a lançar sobre o teatro. Fomenta o deslumbramento e o prazer do jogo, mas desmonta a ilusão, ou, *a fortiori*, a alucinação. É um teatro onde não paro de me sentir no teatro. Ele me fala do teatro e não procura se fazer passar pelo real. Faz de tudo para abalar hábitos congelados em dogmas que tendem a se tornar, no espírito do espectador, um modo de representação. Reafirma a necessidade de "lavar" o olhar do espectador com o arbitrário e a provocação e de combinar cumplicidade e distância.

7. Cruzamentos e mestiçagens

A rotulagem é uma comodidade escolar. Os criadores não gostam nada de se ver encerrados em uma pretensa "especialidade" que pode ser apenas a etapa de um percurso. Reivindicam o direito à mudança, à inovação, à experimentação, até mesmo à contradição. Têm consciência de que o academicismo nasce da repetição e da auto-imitação. Do mesmo modo, não hesitam em evocar diversos modelos teóricos que combinam em uma espécie de sincretismo criador. Este talvez seja o traço mais característico do modelo em vigor nos anos recentes. Portanto é impossível reportar as manifestações mas notáveis do teatro contemporâneo à ilustração de uma teoria. Porém, nada impede que depreendamos alguns eixos de orientação.

O princípio de atualidade

Esta é provavelmente a encruzilhada em que se encontram os mais diversos modelos teóricos. Atualmente talvez seja a definição artaudiana de atualidade que, mais do que Brecht, inspira o teatro. Artaud:

> Não terá nenhuma espécie de interesse para nós, e achamos que para o teatro também, qualquer obra que não obedeça ao *princípio de atualidade*. Atualidade de sensações e de preocupações, mais do que de fatos. (*O teatro de Alfred Jarry*, 1929)

Artaud, em suma, bane do teatro uma atualidade circunstancial, efêmera, de superfície:

> O teatro ... deve romper com a atualidade ..., seu objetivo não é resolver conflitos sociais ou psicológicos, servir de campo de batalha para paixões morais, mas exprimir objetivamente verdades secretas ... (*O teatro e seu duplo*, "Teatro oriental e teatro ocidental")

Na fórmula artaudiana, é o termo "princípio" que deve reter a atenção. Isso significa que a atualidade é percebida como uma força atuante, talvez estruturante, como o núcleo de uma angústia coletiva que unificaria o público e o fundiria com o palco.

Artaud está menos distante do que se poderia pensar à primeira vista da análise e da prática brechtianas. Por exemplo, a atualidade de Brecht, no imediato pós-guerra, não é tanto a questão da bomba atômica, mas a das relações entre ciência e política. Não Hitler, mas um possível ressurgimento do nazismo. Assim, evita dirigir "o caso Oppenheimer"[14] ou de fazer de Hitler o protagonista de um drama. "Distancia" a atualidade pelo recurso à metáfora. Metáfora histórica com *Galileu Galilei*; metáfora paródica com *Arturo Ui*.

Mas Artaud não procedia, no fundo, de maneira diferente quando estabelecia o projeto de realizar um espetáculo intitulado *A conquista do México*. Suas intenções eram, nesse aspecto, claríssimas:

Este tema foi escolhido:

> 1. Por um lado, *em função de sua atualidade*, e por todas as alusões que permite a problemas de interesse vital para a Europa e o mundo.
> Do ponto de vista histórico, *A conquista do México* coloca a questão da colonização. Faz reviver de maneira brutal, implacável, sangrenta, a fatuidade sempre vivaz da Europa ...
> 2. Ao colocar a questão terrivelmente atual da colonização e do direito que um continente acredita ter de subjugar um outro, ela coloca a questão da superioridade, real, nesse caso, de certas raças sobre outras ... (*O teatro e seu duplo*, "O teatro da crueldade", segundo manifesto, 1933)

Esse *princípio de atualidade* caracteriza enfim todos os espetáculos do Théâtre du Soleil, como assinalamos a propósito dos dois espetáculos mais recentes dessa companhia, *Norodom Sihanouk* (1985) e *A indiada* (1987). As expectativas de Artaud em relação à *Conquista do México* poderiam ser aplicadas aí praticamente sem se mudar uma palavra! O *princípio de atualidade* talvez seja em primeiro lugar a necessidade de mostrar, com os recursos do teatro, o encadeamento das causas e efeitos chamado História, mas também sua repercussão na vida mais cotidiana e mais anônima. Não é um acaso que, antes de realizar esses dois espetáculos, o Théâtre du Soleil tenha feito um desvio por Shakespeare, isto é, por um universo em que a figura do Príncipe e do Labrego não apenas coexistem mas adquirem sentido uma pela outra.

O texto, denunciado, violado e... perpetuado

O modelo artaudiano excomunga o texto. No entanto, não podemos deixar de admitir que, em seus projetos e suas raríssimas realizações, Artaud não fez outra coisa senão se confrontar a textos. Pronto a violentá-los, com mais ou menos rudeza! Não anuncia ele que o teatro da crueldade encenará "sem levar em conta o texto..." toda uma série de textos ilustres ou marginais (*Arden of Feversham*, um excerto de *Zohar*, a história de Barba Azul, um conto do Marquês de Sade, melodramas, o *Woyzeck* de Büchner...)? Enfatiza claramente que esses textos serão "adaptados", "transpostos", "vestidos". Que "do teatro elisabetano ... só serão mantidos a indumentária de época, as situações, os personagens e a ação (*O teatro e seu duplo*, "O teatro da crueldade", primeiro manifesto, 1932).

E o mesmo Artaud, curiosamente, especifica que, se propõe montar *Woyzeck*, é "por espírito de reação contra nossos princípios, e a título de exemplo do que se pode extrair cenicamente de um texto preciso" (Ibid.).

Ironia de intelectual a respeito do modelo que ele próprio está em vias de elaborar? Ou empenho em construir uma teoria "aberta", em dizer que um modelo não é um dogma?

Os herdeiros de Artaud se permitirão a mesma liberdade de repudiar o texto sem jamais cessar de voltarem a ele! O Living Theatre proporá "sua" versão de *Antígona*. A de Sófocles, mas já reescrita por Brecht, que havia afirmado cabalmente — paradoxo para um autor! — seu total desrespeito à literalidade e ao caráter pretensamente intocável das grandes obras do repertório.[15]

A prática e a evolução do Théâtre du Soleil são ainda mais sugestivas. Em primeiro lugar, recusam a própria intervenção do dramaturgo em prol da criação dita coletiva (orientada e estruturada, é verdade, por Ariane Mnouchkine). Isso gera dois espetáculos sobre a Revolução, *1789* e *1793*, mais tarde *A idade do ouro*. Depois, retorno oblíquo à prática do texto: Ariane Mnouchkine adapta, para o seu teatro, o romance de Klaus Mann, *Mefisto* (1979). Um pouco mais tarde ainda, esse retorno ao texto é explícito e triunfal (os Shakespeare). Atualmente, enfim, um equilíbrio parece ter se estabelecido. Dramaturgia, direção e escrita se fundem em um trabalho comum. Hélène Cixous escreve verdadeiras peças (*Norodom Sihanouk*, *A indiada*), porém mais próxima das pesquisas teatrais de Ariane Mnouchkine e do Théâtre du Soleil.

Em suma, o modelo contemporâneo se caracteriza por uma abordagem bem menos dogmática da questão do texto. Provavelmente porque atualmente o imperialismo do autor não está em nada na ordem do dia. Tudo pode constituir um texto, e o essencial é que um elo de necessidade profundamente vivenciado se estabeleça entre, de um lado, o diretor e seus atores e, de outro, o texto.

Tudo acontece como se agora o teatro se recusasse a se encerrar em definições rígidas, a se impor exigências em nome deste ou daquele *a priori* teórico. A esse respeito, um Peter Brook dá o exemplo de uma liberdade soberana. Sem proclamação retumbante, utiliza a admirável ruína do Bouffes du Nord para ali montar ora obras canônicas do repertório internacional: *Tímon de Atenas*, de Shakespeare (1974), o *Ubu*, de Jarry (1977), *O jardim das cerejeiras*, de Tchekov (1981), ora espetáculos cujas fontes inspiradoras são extremamente variáveis, *Os iks* inspirada em uma obra de etnologia (1975), *A conferência dos pássaros*, em um conto persa (1979), ou o recente *Mahabharata*, haurido em um dos textos essenciais da cosmogonia indiana (1985). O autor, no caso Jean-Claude Carrière, trabalha então em estreita simbiose com Brook e seus atores, e também com o lugar que servirá de estrutura para a representação. Outro exemplo característico dessa recusa das fronteiras e suas proibições, *A tragédia de Carmen* (1981). O "texto", no caso, é uma das obras emblemáticas do repertório lírico francês. Peter Brook, com a ajuda de Jean-Claude Carrière e do compositor Marius Constant, não hesita em subvertê-lo. Aproxima o libreto da novela original de Mérimée. A orquestra cambiante de Bizet é substituída por alguns instrumentistas... O título mostra aliás a diferença: não *Carmen*, mas *A tragédia de Carmen*. O espetáculo é admirável, mas os puristas se indignaram porque se ousou "colocar a mão" em *Carmen*. Ora, aí está precisamente uma das características do teatro atual. Ele não hesita, se for o caso, em "colocar a mão em...". Recusa-se a sacralizar um texto, por mais prestigioso que seja, consciente de que este é o caminho mais característico do academicismo.

Em suma, o "serviço do texto" não é mais o que era! À devoção ou à deferência, mesmo equivocadas, sucedeu-se algo como uma insolência reiterativa. O "servidor" (o diretor) não hesita em "brutalizar" o "patrão" (o texto, o autor...). Às vezes faz com que sofra verdadeiros eletrochoques. Mas no melhor dos casos, essa violência é coisa de juventude. Se o doente não morre disso, encontra-se amparado por uma nova e exuberante juventude. Basta evocar as metamorfoses de Marivaux durante os últimos trinta anos. Etapas principais:

O triunfo do amor (Vilar, 1955), *A segunda surpresa do amor* (Planchon, 1959), *A disputa* (Chéreau, 1973), *A falsa dama de companhia* (Chéreau, 1985)... Para grande lástima dos "marivaudianos" fiéis, o autor de *Dupla constância* perde com isso suas perucas empoadas, sua elegância maneirista para revelar crueldade, perversão e violência. "Maneira, como observa Bernard Dort, de dar corpo às palavras de Marivaux" (*O teatro na França*, vol.2, 1989).

Lembranças, lembranças

A descoberta da memória, ou antes de todas as memórias, constituiu provavelmente um dos traços marcantes do modelo contemporâneo. Em certo sentido, aliás, isso é provado pela exuberância textual que privilegia as obras do passado e esse gosto pela redescoberta de obras caídas no esquecimento, o qual parece nunca ter estado mais vivo: Bernard Sobel monta *O judeu de Malta*, de Marlowe (1976), Patrice Chéreau, o *Peer Gynt*, de Ibsen (1981), André Engel, a *Pentesiléia*, de Kleist (1981), Antoine Vitez, o *Hipólito*, de Garnier (1982), que a *Fedra*, de Racine, havia completamente ocultado. Jean-Marie Villégier se tornou um especialista em ressuscitar textos pré-clássicos do século XVII (*Tristão o Eremita*, *A morte de Sêneca*, 1982; Mairet, *As galanterias do duque de Ossone*, 1987; Larivey, *O fiel*, 1989). Retorno também de Maeterlinck com *Interior* (Claude Régy,1985), ou *O pássaro azul* (Alfredo Arias, 1988)...

■ *Memória coletiva*

A memória do teatro é também, claro, a de suas formas e suas práticas. Já apontamos a pregnância espantosa, ao longo de todo o século XX, desse mito da *commedia dell'arte* que circula, como um fio vermelho, de Craig à Copeau e a Meyerhold e de Strehler a Mnouchkine. Nostalgia de um teatro puro e perfeito do qual o ator seria o soberano triunfante: a idade de ouro de que nos falava o espetáculo homônimo do Théâtre du Soleil era provavelmente, por antífrase, os anos 1970, a euforia do *boom* econômico, mas também a reminiscência deslumbrada desse momento mágico que foi o da *commedia*...

É também uma tomada de consciência e uma afirmação: para além de todas as diferenças, para além de toda fronteira, o teatro é um. A memória do teatro não é apenas ocidental, é universal. A barreira que parece proibir ao ator europeu o domínio do kabuki ou do kathakali é sempre apenas técnica e conjuntural.[16] Ariane Mnouchkine, com os Shakespeare, Peter Brook com o *Mahabharata* mostraram, aí também, que esse limite não era uma fronteira intransponível. O corolário é um necessário nomadismo do teatro. Grotowski, em 1962, estuda longamente *in loco* a arte do ator chinês interrogando-se sobre a possibilidade de integrar suas técnicas a um método específico que excluísse todo exotismo e todo pitoresco. E Peter Brook tem uma regra de trabalho que impõe longas temporadas, com seus atores, na África negra, nas Índias... para se impregnar não apenas de um conhecimento técnico, mas do clima que integra esse conhecimento a uma civilização de maneira que a forma não esteja nunca dissociada do sentido. Por força do virtuosismo multiforme, o ator adquire com isso uma espécie de leveza, uma alegria de representar na plenitude de seus recursos. Mais que a velha identificação com o personagem, hoje em dia talvez seja essa alegria que, espalhando-se do palco para a platéia, prenda o espectador ao espetáculo no casamento da lucidez e da festa.

■ *Memória pessoal*

Mas a memória do teatro contemporâneo não é apenas um trabalho em cima de práticas esquecidas ou exóticas. Mobiliza também as lembranças vividas-sonhadas do indivíduo. Memória enterrada do ator que alimenta a oferenda de si do teatro grotowskiano (cf. supra, p.174). Reminiscências do diretor, que, a exemplo do escritor, "faz teatro" de seu passado mais secreto. O espetáculo revelado por Bob Wilson em 1971, *O olhar do surdo*, encontra sua fonte nessa zona até então pouco explorada pelo teatro:

> Um dia em Nova York, ele [Wilson] vê um policial bater em um garoto negro. Wilson tira esse jovem delinqüente, surdo-mudo, da prisão. Fica sabendo que a perda da fala foi consecutiva a um espetáculo de

> assassinato: uma mulher esfaqueando duas crianças. *O olhar do surdo* se organiza em torno da recorrência dessa emoção primordial, diluída nos faustos pontilhados de um imaginário simbólico. (Jean-Pierre Léonardini, "A imobilidade ou isso se mexe", in *Festival de outono em Paris, 1972-1982*)

O palco wilsoniano torna-se assim espaço de rememoração, até mesmo de anamnese. Ele se povoa de figuras estranhas dificilmente identificáveis e trabalhadas, como nos sonhos, por um movimento obsessivo, repetitivo e ralentado.

Essa memória individual não é hermética nem fechada sobre si mesma. É impregnada por uma memória coletiva. Existe aí, potencialmente, espaço para um encontro e uma fusão entre o palco e o público. A memória do ator e a do diretor é também sob certos aspectos, a minha, a sua... Grotowski teorizou precisamente a mobilização teatral dessa memória coletiva. Para que haja "desvelamento" do ator e conseqüente perturbação do espectador, é preciso, diz ele, que haja "encontro". Ora, a experiência individual que, por definição, é praticamente incomunicável, não permite, a ela sozinha, tal encontro. É preciso delimitar e explorar o campo em que essa experiência cruza com a do espectador: herança coletiva, feita de valores comuns, de sofrimentos partilhados, de tabus assumidos, na qual toda uma sociedade forja sua identidade. São os grandes mitos da modernidade que fundam essa herança. Mitos humanistas greco-latinos, mitos cristãos, mitos da barbárie contemporânea... *Akropolis* (1962) celebra a tradição humanista na qual a civilização ocidental bebe sua legitimidade. Cenas da mitologia grega, do Antigo Testamento... Mas esses mitos são confrontados à experiência mais traumatizante do século XX, a dos campos de concentração e de extermínação. Os deportados re-presentam de maneira "pesadelesca" os episódios famosos em questão. A partir daí, que sentido conserva esse humanismo no coração de um mecanismo triturador que o nega? É preciso denunciá-lo como alienação? Celebrá-lo como o único recurso que permite escapar à animalidade?

Tadeusz Kantor, também polonês, explora o mesmo campo da memória individual-coletiva, mas privilegiando uma rememoração subjetiva e um escárnio ao mesmo tempo ácido e fúnebre. Ele está constantemente presente em cena, assim como Tadeusz Kantor, espectador displicente mas atento, às vezes vagamente surpreso, às suas próprias lembranças. As figuras que surgem da infância se parecem com marionetes cinzentas, brancas ou pretas. Em conjunto, elas fazem pose como para retornar a velhas fotos de família. A fotografia representa aliás um papel inspirador essencial. É a matriz de *Wielopole Wielopole*. "A fotografia, diz Kantor, é um momento trágico petrificado."

Logo o realizador está cercado, envolvido pelas figuras de sua infância polonesa que talvez sejam de todas as infâncias polonesas, o pai, a mãe, o tio pároco, o vizinho rabino, soldados robotizados marchando, gêmeos intercambiáveis... Todos esses espectros, se agitam zombeteiramente em uma dança desarticulada sustentada por uma música rangente e nostálgica ao mesmo tempo. Se os atores têm algo da marionete, as bonecas de dimensão humana que se misturam a eles têm algo de humano e acabam por embaralhar as cartas! Kantor chamou justamente sua iniciativa de "Teatro da Morte". A representação com efeito diz da impossível ressurreição do passado e do triunfo da poeira...

Entre Wilson e Kantor, não existe nenhum ponto em comum exceto que essa exploração da memória é a base mais sólida da soberania do diretor. Além da rememoração ser substituída antes por imagens do que por um discurso articulado, o texto, quando o há, não pode ser, evidentemente, senão o do "narrador", isto é, do realizador. Nenhum dramaturgo jamais conseguirá escrever, em seu lugar, esse diálogo entre seu eu de hoje com o de ontem ou outrora...

Leituras Recomendadas

ARTAUD, Antonin, *Le Théâtre et son double*, in *Oeuvres complètes*, t.IV, Paris, Gallimard, 1964. [Ed. bras.: *O teatro e seu duplo*, São Paulo, Martins Fontes, 1993.]

BRECHT, Bertolt, *Petit organon pour le théâtre*, Paris, L'Arche, "Travaux", 1970.

BROOK, Peter, *L'Espace vide*, Paris, Seuil, 1977. [Ed. bras.: *O teatro e seu espaço*, Petrópolis, Vozes, 1970.]

GROTOWSKI, Jerzy, *Vers un théatre pauvre*, Lausanne, La Cité/L'Age d'homme, 1971. [Ed. bras.: *Em busca de um teatro pobre*, Rio de Janeiro, Civilização Brasileira, 1987.]
VILAR, Jean, *Le Théâtre, service public*, Paris, Gallimard, 1975.
——, *De la tradition théâtrale*, Paris, L'Arche, 1955 (reed. Gallimard, col. Idées, 1963).

Conclusão

Nunca o teatro na França foi tão próspero. Desde os anos 1950, uma política cultural foi mantida, independentemente das orientações dos sucessivos governos. Ela permitiu a implantação de companhias estáveis em quase todas as cidades de grande e, até mesmo, de pequena importância.

Antigamente a província esperava a visita em turnê das criações parisienses. Hoje Paris recebe calorosamente, e às vezes triunfalmente, produções vindas da província.

Os maiores diretores estrangeiros trabalham regularmente na França: Strehler e Ronconi, Grüber e Luc Bondy, sem falar de Peter Brook, que está instalado, desde 1974, em seu Théâtre des Bouffes du Nord.

Quanto aos franceses, dispõem de salas modernas, de companhias estáveis às quais renomados artistas vêm às vezes se juntar. Planchon reina há mais de 30 anos em Villeurbanne. Chéreau terá dado um lustro exuberante aos Amandiers de Nanterre de 1982 a 1989. Vitez, depois de ter dirigido Chaillot, o teatro de Vilar, está hoje à frente da Comédie Française. E se Ariane Mnouchkine, ciosa de sua independência, se recusa a depender do Estado, não é por falta de propostas...

Parece distante a época em que um Dullin se debatia em inextricáveis dificuldades financeiras, em que um Jouvet fazia cinema, de que não gostava, para sustentar seu teatro, ou em que a "pobreza" das realizações de um Pitoëff transformava uma pressão econômica em opção estética.

Se um dos modelos teóricos modernos do teatro foi plenamente realizado, é decerto aquele do teatro popular, ou para repetir a bela fórmula de Vilar, do teatro serviço-público. Em suma, a famosa "crise do teatro" aparece como uma espécie de figura retórica convencionada em um discurso de reivindicação que busca atrair o favor e a ajuda públicos. De duas, uma: ou se trata de uma ficção cômoda, de um automatismo do discurso das pessoas de teatro sobre si mesmas, ou então o teatro francês tem como destino viver e florescer em um clima de crise permanente!

Mas vejamos mais de perto: essa famosa crise não é provavelmente de ordem financeira ou estrutural. Ela não tem (ainda) efeito espetacular. No entanto, não podemos deixar de notar que uma espécie de anemia enlanguesce o teatro dos anos recentes. Nos anos 1960 uma geração de diretores se revelou ao mesmo tempo, juventude e talento conjugados da maneira mais vibrante. Planchon tem 27 anos quando seu primeiro *George Dandin* (1958) vira de cabeça para baixo o academicismo molieresco e causa escândalo. Quando Chéreau ganha o Prêmio das Jovens Companhias por sua direção de *Os soldados*, de Lenz (1967), mal passou de 20 anos! E Ariane Mnouchkine, no momento de *1789* (1970), tem apenas 31 anos...

Atualmente, com alguns outros e por trás desses "antigos" sempre verdes que são Strehler e Brook, restam as figuras de proa do teatro contemporâneo. Em plena posse de seus recursos. Unanimemente admirados mesmo quando criticados. Mas a floração dos anos 1960 não se reproduz. Busca-se em vão a geração que substituirá e fará o teatro do ano 2000. Os grandes acontecimentos do teatro de hoje estão nas mãos de diretores que, Chéreau à parte, não têm menos de 50 anos. A força da idade, decerto, mas não mais sua flor! São os Shakespeare do Théâtre du Soleil (1982-84), o *Mahabharata* de Brook (1985), a versão integral do *Sapato de cetim* montada por Vitez (1987)...

Em julho de 1968, durante um Festival de Avignon no qual se desencadeavam as últimas ondas de maio, Vilar foi pego à parte por uma juventude extremada, aquela mesma que, já quarentona, celebra à porfia seu gênio! Vilar, sincero e desinteressado que fosse, havia ficado profundamente magoado por esses ataques nem sempre muito leais. No entanto, esse ato de terrorismo intelectual anunciava, de certa maneira, o desabrochar da representação dos anos 1970.

Atualmente, nenhum adolescente exaltado pensaria em brigar com Peter Brook ou com Ariane Mnouchkine. Seu público (ele tem entre 15 e 30 anos) comunga uma admiração radical. Nenhum "assassinato do pai" no horizonte!

Será que as novas gerações estão se desviando da arte do teatro? Ter-se-ia então com que se preocupar. Outra explicação às vezes dada: o desabrochar atual da direção seria uma espécie de fogo de artifício final. O reino do diretor, que dura há um século e que foi freqüentemente qualificado de ditadura, acabaria suavemente. Mas para ser substituído por quê?

O teatro de amanhã será feito por livres comunidades de atores, até mesmo por atores solo, à maneira dos italianos Carmelo Bene ou Dario Fo, dos franceses Raymond Devos ou Philippe Caubère.[1]

"Libertação" do ator e, através dele, do teatro? Essa evolução arrisca-se a revelar rápido demais seus limites e seus inconvenientes. O ator que impõe sua lei ao teatro sem controle é geralmente tentado por um modelo baseado no exibicionismo virtuose, como vimos na época dos "monstros sagrados" do final do século XIX. Essa "libertação" poderia muito bem se tornar uma regressão...

Afinal de contas, se há "crise" ela pode ser considerada no nível da reflexão teórica. Tudo se passa no fundo como se a elaboração de modelos novos precisasse de uma certa forma de resistência! Os escritos teóricos mais revolucionários se devem a homens de teatro mais ou menos rejeitados pela instituição, mais ou menos decepcionados por seu peso e seu conformismo: Craig e Appia, Copeau e Artaud. Mesmo homens como Stanislavski, Meyerhold ou Brecht, que parecem fazer exceção a essa regra, tiveram que se afirmar contra os modelos dominantes — a tradição estereotipada do século XIX para Stanislavski, o naturalismo stanislavskiano para Meyerhold, o modelo aristotélico para Brecht...

O sincretismo que parece prevalecer atualmente é conseqüência de um espírito de liberdade e de tolerância. Cada um tem o direito de fazer o que quer, e de roubar seu mel onde acha que vai encontrá-lo. O público, aberto e acolhedor, julgará a peça. Com isso, a reflexão teórica não tem mais nenhuma razão de ser, uma vez que cada um elabora, para seu uso pessoal, seu próprio modelo. No fundo, tudo se passa como se, com uma certa defasagem cronológica, os diretores seguissem a mesma evolução que os dramaturgos. Ninguém pretende mais impor nem dogma nem modelo à coletividade. Cada um teoriza para si sem que se seja necessário polemizar — portanto, no limite, a explicitar — em um texto público, essa reflexão.

E depois, esse fenômeno de enfraquecimento se explica talvez também por uma evolução bem mais ampla, a da relação dos contemporâneos com a escrita. Se certos diretores publicaram textos (não raro notáveis por sua penetração) sobre o teatro,[2] eles pertencem a gerações que conservaram o gosto e o culto do texto. Os mais jovens parecem desdenhar o livro. É claro que apresentam suas realizações em textos liminares freqüentemente bastante eruditos incluídos no programa. Mas não existe — não ainda, é preciso querer — ensaio global sobre o teatro assinado por Ariane Mnouchkine, Luca Ronconi ou Patrice Chéreau.

Questão de tempo também! Essa geração trabalha muito, e de maneira contínua. Quando o Théâtre du Soleil ou o grupo de Peter Brook não estão atuando, eles estão ensaiando ou se exercitando. Em suma, o diretor atualmente não pára de refletir no próprio coração de uma prática. Ao mesmo tempo, não tem mais tempo de escrever, ou a preocupação de publicar!

Caso se tente definir um modelo contemporâneo, irá se falar de cruzamentos, de mestiçagens, em suma de um "teatro no plural" que conjuga elementos heterogêneos. Mas um dos efeitos perversos dessa evolução não seria um indiferentismo teórico? Esta é uma das características do "pós-modernismo" pictórico. Poderia também ser um traço marcante do teatro de amanhã. Teorizar, já se disse, é reivindicar, excomungar, combater. Mas para que teorizar quando todo modelo se vê amparado por uma legitimidade de princípio, e quando, às escolhas soberanas do diretor, não se oponha mais resistência alguma a não ser a de uma possível rejeição individual do espectador?

Quem diz teorização subentende, como vimos diversas vezes, ideologia. Mas como teorizar a partir do momento em que coabitam pacificamente as ideologias mais diversas, em que elas se contaminam uma à outra relativizando-se reciprocamente?

Nesse contexto, explica-se uma certa forma de tentação "minimalista". Retorno a um "teatro pobre" não segundo a ambiciosa abordagem de Grotowski, mas, mais humildemente, para recolocar o teatro a nu, explorar seus recursos sem a *priori*, e lhe devolver uma jovialidade e uma delicadeza que a prosperidade desses últimos 20 anos lhe havia feito mais ou menos perder.

Cronologia

1498 Tradução em latim da *Poética* de Aristóteles (Valla).
1503 Publicação em grego da *Poética* de Aristóteles.
1536 Nova tradução em latim da *Poética* (Paccius).
1548 Edição comentada da *Poética*, por Robortello.
1550 Edição comentada da *Poética*, por Maggi.
1561 Scaliger, *Poética* (em latim).
1570 Castelvetro, *Poetica d'Aristotele vulgarizzata*.
1572 La Taille, *Da arte da tragédia*.
1605 Vauquelin de La Fresnaye, *Arte poética*.
1611 Heinsius, *Poética* (em latim).
1623 Chapelain, Prefácio ao *Adônis*, de Marino.
1630 Chapelain, *Carta sobre as vinte e quatro horas*.
1635 Chapelain, *Sobre a poesia representativa*.
1637 Triunfo do *Cid*.
Chapelain, *Os sentimentos da Academia Francesa acerca da tragicomédia do* Cid.
Scudéry, *Observações sobre o* Cid.
1639 Sarasin, *Discurso sobre a tragédia*.
Scudéry, *Apologia do teatro*.
La Mesnardière, *Poética*.
1647 Vossius, *Poética* (em latim).
1657 D'Aubignac, *A prática do teatro*.
1660 Corneille, *Discurso sobre a utilidade e as partes do poema dramático*.
Discurso sobre a tragédia e os meios de tratá-la segundo o verossímil e o necessário.
Discurso sobre três unidades de ação, de dia e de lugar.
1662 Molière, *A escola de mulheres*.

1663 Querela da *Escola de mulheres.*
1664 D'Aubignac, *Dissertação sobre o poema dramático.*
Molière, *Tartufo.*
1667 Nicole, *Tratado da comédia.*
Racine, *Andrômaca.*
1668 De Pure, *Idéias dos espetáculos antigos e novos.*
Subligny, Prefácio da *Louca querela.*
1671 Tradução em francês da *Poética* de Aristóteles, por Norville.
Racine, Prefácio de *Berenice.*
1674 Boileau, *A arte poética.*
Rapin, *Reflexões sobre a Poética de Aristóteles e sobre as obras antigas e modernas.*
1675 Le Bossu, *Tratado do poema épico.*
1677 Racine, *Fedra.* Racine pára de escrever para teatro.
Saint-Evremond, *Sobre as óperas.*
1687 Bouhours, *A maneira de pensar claro nas obras do espírito.*
1688 Início da Querela dos Antigos e dos Modernos.
1692 Dacier, tradução da *Poética* de Aristóteles.
1694 Bossuet, *Máximas e reflexões sobre a comédia.*
1714 Houdar de la Motte, *Discurso sobre Homero.*
1719 Dubos, *Reflexões críticas sobre a poesia, a pintura e a música.*
1721-30 Houdar de la Motte, *Discursos e reflexões.*
1731 Voltaire, *Discurso sobre a tragédia.*
1748 Voltaire, *Discurso sobre a tragédia antiga e moderna.*
1757 Diderot, *Conversas sobre* O filho natural.
1758 Rousseau, *Carta a D'Alembert sobre os espetáculos.*
Diderot, *Discurso sobre a poesia dramática.*
1764 Voltaire, *Comentário sobre Corneille.*
1767 Beaumarchais, *Ensaio sobre o gênero dramático sério.*
1767-68 Lessing, *Dramaturgia de Hamburgo* (em alemão).
1769-73 Diderot, *Paradoxo sobre o ator* (publicado apenas em 1830).
1773 Mercier, *Sobre o teatro, ou Novo ensaio sobre a arte dramática.*
1778 Mercier, *Sobre a literatura e os letrados, seguido de um novo exame da tragédia francesa.*
Voltaire, *Irene.* Triunfo.
1784 Estréia triunfal do *Casamento de Fígaro.*

1785 Tradução francesa da *Dramaturgia de Hamburgo.*
1789 M.J. Chénier, *Carlos IX.*
1792 Schiller, *Sobre a arte trágica.*

♦ ♦ ♦

1807-13 Schlegel, *Curso de literatura dramática* (trad. fr. em 1813).
1809 Constant, *Reflexões sobre a tragédia de Wallstein e sobre o teatro alemão.*
1813 Sismondi, *A literatura do Midi da Europa.*
Mme. de Staël, *Sobre a literatura.*
Mme. de Staël, *Sobre a Alemanha.*
1821 Guizot, *Ensaio sobre a vida e as obras de Shakespeare.*
Sismondi, *História dos franceses.*
1823 Stendhal, *Racine e Shakespeare* (primeira versão).
Manzoni, *Carta a M.C. sobre a unidade de tempo e lugar na tragédia.*
1825 Stendhal, *Racine e Shakespeare* (segunda versão).
1826-27 Guizot, *História da Revolução da Inglaterra.*
1827 Hugo, Prefácio de *Cromwell.*
1827-28 Atores britânicos trabalham em Paris. Descoberta da "atuação inglesa".
1829 Vigny, *O mouro de Veneza* na Comédie Française. Tumulto. *Carta a Lord *** sobre a soirée de 24 de outubro de 1829 e sobre um sistema dramático.*
Dumas, *Henrique III e sua corte* na Comédie Française. Triunfo.
1830 Hugo, Estréia de *Hernani* na Comédie Française. Interminável "batalha".
1833 Hugo, Prefácios de *Maria Tudor* e de *Lucrécia Bórgia.*
1834 Planche, *Sobre a reforma dramática.*
1838 Musset, *Sobre a tragédia.*
Hugo, Prefácio de *Ruy Blas.*
1843 Hugo, *Os burgraves.* Fiasco.
Triunfo de Rachel na *Lucrécia*, de Ponsard.
1848 Wagner, *A obra de arte do futuro.*

1851 Wagner, *Ópera e drama.*
Labiche e Michel, *O chapéu de palha italiano.*
1852 Dumas filho, *A dama das camélias.*
1861 Estréia parisiense do *Tannhäuser*, de Wagner. Cabala e fracasso.
1864 Hugo, *William Shakespeare.*

♦ ♦ ♦

1873 Zola, *Teresa Raquin* (adaptação para o palco).
1877 Zola, *A taberna* (adaptação para o palco). Triunfo.
1880 Os principais teatros instalam equipamento de iluminação elétrica.
1881 Zola, *O naturalismo no teatro.*
Nossos autores dramáticos.
1884 Becq de Fouquières, *A arte da encenação.*
1887 Antoine funda o Teatro Livre.
1888 Icres, *Os açougueiros*, montagem de Antoine.
1890 Antoine, o Teatro Livre.
1891 Paul Fort funda o Théâtre d'Art.
Quillard, *Da absoluta inutilidade da encenação exata.*
1893 Lugné-Poe cria o Théatre de l'Oeuvre.
1895 Pottecher cria o Teatro do Povo, em Bussang.
Appia, *A encenação do drama wagneriano.*
1896 Jarry, *Ubu rei*, direção de Lugné-Poe.
Jarry, *Da inutilidade do teatro no teatro.*
Estréia, por Sarah Bernhardt, em uma adaptação bastante "livre", do *Lorenzaccio*, de Musset (publicado em 1834).
1899 Appia, *Música e encenação.*
1902 Zola (inspirado em), *A Terra*, direção de Antoine.
Debussy, *Pelléas et Mélisande* (inspirado na peça de Maeterlinck).
1903 Rolland, *O teatro do povo, ensaio de estética de um teatro novo.*
Antoine, *Discussão sobre a encenação.*
1904 *Rei Lear*, direção de Antoine.
Appia, *Como reformar nossa encenação.*
Craig, *A arte do teatro.*

1906 Antoine, diretor do Odeon.
Gémier, diretor do Teatro Antoine.
1907 *Júlio César* e *Tartufo* em direções de Antoine.
1909 Balés Russos, de Diaghilev, no Châtelet.
1910 Rouché cria o Teatro das Artes.
Rouché, *A arte teatral moderna.*
1911 Craig, *Sobre a arte do teatro.*
Gémier cria o Teatro Nacional Ambulante.
1912 Claudel, *A Anunciação a Maria*, direção de Lugné-Poe.
Craig monta *Hamlet* em Moscou, a convite de Stanislavski.
1913 Copeau cria o Teatro do Vieux-Colombier.
Hamlet, direção de Lugné-Poe.
1914 Claudel, *A troca*, direção de Copeau.
O refém, direção de Lugné-Poe.

♦ ♦ ♦

1920 Piscator cria o Teatro Proletário em Berlim.
Gémier dirige na França o primeiro Teatro Nacional Popular.
1920-38 Atividades teatrais de Meyerhold.
1921 Appia, *A obra de arte viva.*
Dullin cria o Teatro da Oficina.
1924 Pirandello, *A cada um sua verdade*, direção de Dullin.
1925 Stanislavski, *Minha vida na arte.*
1926 Baty, *A máscara e o incensário.*
Artaud e Vitrac criam o Teatro Alfred Jarry.
1927 Criação do Cartel dos Quatro (Baty, Dullin Jouvet, Pitoëff).
1929 Primeiro filme falado.
Piscator, *O teatro político.*
1933 Criação do Grupo Outubro.
Moussinac cria o Teatro Internacional Operário.
Dullin dirige *Como lhe agradar.*
1935 Giraudoux, *A guerra de Tróia não acontecerá*, direção de Jouvet.
Artaud escreve, dirige e atua nos *Cenci.*

1936 Jouvet dirige e atua em *A escola de mulheres.*
Baty dirige uma adaptação de *Madame Bovary.*
1937 O Cartel colabora com a Comédie Française.
1938 Stanislavski, *A formação do ator.*
Artaud, *O teatro e seu duplo.*
Jouvet, *Reflexões do ator.*
1939 Prisão de Meyerhold.
Morte de Pitoëff.
1940 Baty dirige *Fedra.*
Morte de Meyerhold no "gulag".
1941 Copeau, *O teatro popular.*
1943 Morte de Antoine.
Claudel, *O Sapato de cetim*, direção de Barrault.

♦ ♦ ♦

1945-52 Jeanne Laurent lança a política de descentralização do teatro.
1945 Baty dirige *Lorenzaccio.*
1946 Criação dos primeiros Centros Dramáticos.
1947 Vilar cria o Festival de Avignon.
Dullin, *Lembranças e notas de trabalho de um ator.*
Genet, *As criadas*, direção de Jouvet.
Artaud, conferência do Vieux-Colombier (13 de janeiro).
Moretti em *Arlequim, servidor de dois patrões*, direção de Strehler.
1948 Brecht, *Pequeno organon para o teatro.*
Morte de Artaud.
1949 Mortes de Dullin e de Copeau.
Baty, *Cai o pano.*
Pitoëff, *Nosso teatro.*
Criação, por Brecht e Hélène Weigel, do Berliner Ensemble.
1950 Ionesco, *A cantora careca.*
1951 Vilar nomeado diretor do TNP. Dirige o *Cid*, *O príncipe de Hamburgo*, *Mãe Coragem.*
Reabertura do Festival de Bayreuth. Direções revolucionárias de Wieland Wagner, influenciado pelas teses de Appia.

1952 Ionesco, *As cadeiras*.
Baty assume a direção do Centro Dramático Nacional do Sudoeste, em Aix en Provence.
Morte de Baty.
Jouvet, *Testemunhos sobre o teatro*.
1953 Beckett, *Esperando Godot*, direção de Blin.
Vilar dirige e atua no *Dom Juan*.
1954 Primeiro Festival Internacional de Paris, que se tornará o Teatro das Nações. O Berliner Ensemble apresenta ali *Mãe Coragem*. É uma revelação. *Macbeth* e *Cinna*, direções de Vilar.
Brecht, *A boa alma de Sê-Tchuan*, direção de Planchon.
1955 A Ópera de Pequim em Paris. Deslumbramento.
Vilar dirige e atua no *Triunfo do amor*.
Adamov, *O ping-pong*.
O Berliner Ensemble apresenta em Paris *O círculo de giz caucausiano*.
Vilar, *Sobre a tradição teatral*.
Na URSS, "reabilitação" de Meyerhold.
1956 Planchon dirige Vinaver (Os *coreanos*) e Brecht (*Terror e miséria do III Reich*).
Morte de Brecht.
1957 Planchon cria o Théâtre de la Cité em Villeurbanne.
Beckett, *Fin de partie*, direção de Blin.
Adamov, *Paolo Paoli*, direção de Planchon.
1958 Genet, *Os negros*, direção de Blin.
Planchon dirige *George Dandin* (primeira versão).
1959 Gelber, *A conexão*, pelo Living Theatre.
Claudel, *Cabeça de ouro*, direção de Barrault.
Planchon dirige *A segunda surpresa do amor*. Escândalo.
1960 Instalação dos primeiros Centros Culturais.
1961 Brecht, *Schweyk na Segunda Guerra Mundial*, direção de Planchon.
1962 Planchon dirige *Tartufo* (primeira versão).
Gatti, *A vida imaginária do lixeiro Auguste Geai*, direção de Planchon.

1963 Tradução francesa dos *Escrito sobre o teatro*, de Brecht.
Meyerhold, *O teatro teatral*, tradução francesa.
Beckett, *Oh, os belos dias!*, direção de Blin.
Vilar renuncia à direção do TNP.

1964 Criação do Théâtre du Soleil (Ariane Mnouchkine).
Craig, *O teatro em marcha*, tradução francesa.
Barba funda o Odin Teatret.

1966 Genet, *O biombo*, direção de Blin. Tumulto.
O Living Theatre apresenta *The Brig* no Odéon.
Grotowski apresenta *O príncipe Constant* no Odéon.
Planchon dirige *Berenice*.
Claudel, *Minhas idéias sobre o teatro*.
Genet, *Cartas a Roger Blin*.

1967 Lenz, *Os soldados*, direção de Chéreau.
Wesker, *A cozinha*, direção de Ariane Mnouchkine.

♦ ♦ ♦

1968 No festival de Nancy, revelação do Bread and Puppet.
Eventos de maio e contestação do teatro institucional.
O Living Theatre estréia *Paradise Now* em Avignon.
Grotowski, *Em busca de um teatro pobre*. A tradução francesa é editada em 1971.
Grotowski apresenta *Akropolis*, em Paris.
Barba apresenta *Ferai*, em Paris.

1969 Dullin, *São os deuses que nos fazem falta*.

1970 O Théâtre du Soleil se instala na Cartoucherie de Vincennes.
Triunfo parisiense de *Orlando furioso*, direção de Ronconi.
Brook se instala em Paris, onde cria o Centro Internacional de Pesquisas Teatrais.
1789, criação coletiva do Théâtre du Soleil, direção de Ariane Mnouchkine. Triunfo.
Genet, *As criadas*, direção de Garcia.

1971 No Festival de Nancy, revelação de Bob Wilson (*O olhar do surdo*).
Morte de Vilar.

Ronconi apresenta *XX*, no Odéon.
Brook monta *Orghast*, em Persépolis.

1972 Ronconi apresenta em Paris sua direção da *Oréstia*.
1793, criação coletiva do Théâtre du Soleil, direção de Ariane Mnouchkine.

1973 Planchon dirige e atua em *Tartufo* (segunda versão).
Chéreau dirige *A disputa*, de Marivaux. Entusiasmo e indignação.
Grotowski apresenta *Apocalypsis cum figuris*, em Paris.
Sartre, *Um teatro de situações*.

1974 Brook e o CIRT instalam-se no Théâtre des Bouffes du Nord.
Brook dirige *Tímon de Atenas*.
Bob Wilson, *A Letter for Queen Victoria*.

1973-80 Meyerhold, *Escritos sobre o teatro*, tradução francesa.

1974-84 Copeau, *Registros I, II, III, IV*.

1975 Vilar, *Teatro, serviço público*.
A idade de ouro, criação coletiva do Théâtre du Soleil, direção de Ariane Mnouchkine.
Brook dirige *Os iks* (inspirado em Colin Turnbull)
Utopia, inspirado em Aristófanes, direção de Ronconi.
K.M. Grüber, *Fausto-Salpêtrière*.

1976 Início da publicação das *Obras completas* de Artaud (22 volumes).
Bob Wilson, *Einstein on the Beach*.

1977 Vinaver, *Ifigênia-Hôtel*, direção de Vitez.
Kantor apresenta *A classe morta*, em Paris.
Kantor, *O teatro da morte*, tradução francesa.
Brook dirige *Ubu*.
Barba apresenta em Paris *O livro das danças* e *Come! And the Day Will Be Ours*.
Brook, *O espaço vazio* (tradução francesa de *The Empty Space*, publicado em 1968).

1978 Vitez dirige quatro "Molière" (*A escola de mulheres*, *Tartufo*, *Dom Juan* e *O misantropo*).
Strehler dirige na Comédie Française *A trilogia da vilegiatura* (Goldoni).

1979 Chéreau dirige a versão integral de *Lulu*, de Alban Berg (Ópera de Paris).
Musset, *Lorenzaccio*, direção de Krejca.
Brook dirige *A conferência dos pássaros*.
Ariane Mnouchkine adapta e dirige *Mefisto, o romance de uma carreira*, inspirado em Klaus Mann.

1980 Planchon dirige ao mesmo tempo *Dom Juan* e *Atália*.
Kantor apresenta em Paris *Wielopole, Wielopole*.
Stein apresenta em Bobigny sua direção da *Oréstia*.
Strehler, *Um teatro pela vida* (tradução francesa).

1981 Vitez, diretor do Teatro Nacional de Chaillot. Apresenta *Fausto*, *Britânico* e *Túmulo para 500.000 soldados*, inspirado em Guyotat. Vilar, *Memento*.

1982 Ariane Mnouchkine dirige Shakespeare (*Ricardo II* e *A noite dos reis*).
Engel adapta e dirige *Dell'inferno*, "espetáculo-percurso".

1983 Criação do Teatro da Europa no Odéon. A direção é confiada a Strehler.
Koltès, *Combate de negro e de cães*, direção de Chéreau.
Genet, *O biombo*, direção de Chéreau.

1984 Shakespeare, *Henrique IV* (primeira parte), direção de Ariane Mnouchkine.
Strehler inaugura o Teatro da Europa com uma direção de *Ilusão [cômica]*.

1985 Brook dirige o *Mahabharata*.
Chéreau dirige *Lucio Silla*, de Mozart, e *Quartet*, de Heiner Müller, inspirado em Laclos.
Cixous, *A história terrível mas inacabada de Norodom Sihanouk, rei do Camboja*, direção de Ariane Mnouchkine.

1986 *Electra*, direção de Vitez (terceira versão).
Broch, *O relato da empregada Zerline*, direção de K.M. Grüber.

1987 Claudel, *O sapato de cetim*, versão integral, direção de Vitez.
Koltès, *Na solidão dos campos de algodão*, direção de Chéreau.
Langhoff dirige *O rei Lear*.

Cixous, *A indiada ou a Índia de seus sonhos*, direção de Ariane Mnouchkine.

1988 Chéreau dirige *Hamlet*.

1989 Kantor apresenta em Paris *A classe morta*, *Wielopole, Wielopole*, *Que morram, os artistas!* e *Jamais voltarei*.

Vitez dirige *A Celestina* (Rojas).

O Odin Teatret apresenta *Talabot* (direção de Barba).

1990 Langhoff dirige *Macbeth*.

Notas

Introdução

1. Cf. *Pratique pour fabriquer scènes et machines de théâtre*, de N. Sabatini (1638).

2. É claro que, na prática, sempre existiu *de facto* uma direção. Porém devemos observar que o termo não aparece antes dos anos 1830. Mas é somente a partir dos anos 1880, graças sobretudo a Antoine, na França, que a direção [*mise-en-scène*] reivindica ser uma arte global de interpretação do texto dramático, com o diretor assumindo a responsabilidade por essa interpretação.

I. Aristóteles Revisitado

1. *Discours du poème dramatique, Discours des trois unités, Discours de la tragédie* (1660).

2. E também na introdução à mais recente edição francesa, a de J. Lallot e R. Dupont-Roc (1980).

3. Deterioração do manuscrito ou — teoria que prevalece hoje — estado de inconclusão voluntária? A *Poética* seria um conjunto de notas de Aristóteles visando elaborar seu ensino. Ele as teria completado e modificado à medida do desenvolvimento desse ensino, e nunca teria tido a intenção de um dia publicá-las tais quais.

4. Os grifos são meus.

5. Lembremos que na época de Aristóteles as representações trágicas ensejavam "concursos" em que competiam os melhores autores no âmbito de *corégias* organizadas por ocasião de festas religiosas.

6. Galileu foi obrigado a abjurar em 1633. O jansenismo foi condenado em 1655. O Edito de Nantes foi "restringido" em 1669, depois "revogado" em 1685. Em 1671, o ensino do cartesianismo foi proibido em Paris...

7. Entre 1630 e 1647, Mersenne e Gassendi difundem novos modelos de inteligibilidade do mundo, tais como a astronomia de Copérnico ou a física de Galileu...

8. Tieste seduzira a mulher de seu irmão Atreu. Para se vingar, Atreu estrangulou seus sobrinhos e os serviu a seu irmão sob a forma de patê, segundo alguns, de cozido, segundo outros! Quando Tieste terminou sua refeição, Atreu se deleitou ao lhe revelar a composição do prato...

9. O *monólogo* é um discurso pronunciado por um personagem para si mesmo. Este não é ouvido ou deve ignorar que o é. O *aparte* é bem mais breve (algumas palavras, uma frase...). É pronunciado no calor da ação e freqüentemente permite um efeito de conivência com o público, único destinatário "real" da tirada, especialmente na comédia. A convenção, no caso, prevalece sobre a verossimilhança.

10. Nesse ponto de sua demonstração, o padre não parece mais muito preocupado com a unidade de tempo!

11. O grifo é meu. A fórmula de Racine diz exatamente em que consiste a exigência do *decoro*.

12. Na *Andrômaca* de Eurípides, Molosso era o filho que Andrômaca tivera de Pirro.

II. Da Tragédia ao Drama

1. Naturalmente, trata-se de uma comédia. No entanto, está ligada à teoria do "gênero sério". E embora pouco "séria" (ou justamente por causa disso), é sua produção mais bem acabada. Beaumarchais resolve com ela a questão do espaço cênico e teatral com um virtuosismo assustador.

2. Clairon, que era baixinha, conseguia transmitir a ilusão de que era grande e majestosa...

III. O Princípio de Realidade

1. As datas das óperas por mim fornecidas correspondem às "estréias" *parisienses*, pois em geral foram freqüentemente criadas alguns anos antes, na Itália.

2. Monge influenciável e fanático cooptado pela duquesa de Guise para assassinar Henrique III.

3. De lugar e de tempo. A unidade de ação não é seriamente questionada pelos românticos.

4. A despeito das críticas articuladas em nome da verossimilhança, o *monólogo* sempre contou com a boa vontade dos autores, atores e do público! Fragmento de brilho, representa uma ocasião de triunfo pessoal que ninguém tem vontade de sacrificar. Cf. Racine, *Fedra*, IV, 5 & 6; Beaumarchais, *As bodas de Fígaro*, V, 3; Hugo, *Ruy Blas*, V, 2; Musset, *Lorenzaccio*, IV, 9, etc.

5. Alusão à ribalta dos teatros. Sua iluminação era cada vez mais sentida e denunciada como um artifício inadequado. Pois sua luz vem de baixo, ao passo que a luz natural, salvo exceção, vem de cima...

6: Praticável: "Parte de cenário constituída por objetos reais ou sólidos que são utilizados em seu uso normal, em particular para se apoiar, andar e evoluir como sobre um plano cênico firme." (Patrice Pavis, *Dictionnaire du théâtre*, 1987).

7. Poderíamos nos reportar a textos de Maurice Maeterlinck ("Menus propos", *La Jeune Belgique*, abr 1890), Pierre Quillard ("De l'inutilité absolue de la mise en scène exacte", *La Revue d'Art Dramatique*, mai 1891) ou Camille Mauclair ("Notes sur un essai de dramaturgie symbolique", *La Revue Indépendante*, mar 1892).

8. Alusão à direção de Antoine para *Os açougueiros*, de Fernand Icres (cf. supra, p.115).

9. Remetemos a seu ensaio *Le Théâtre populaire*, publicado em 1941. Esta data explica facilmente ambigüidades ideológicas cuja presença pode-se lamentar em uma reflexão, aliás, densa e lúcida. Talvez seja assim porque os herdeiros atuais de Copeau permanecem discretos em relação à sua dívida a seu respeito.

IV. As Seis Tentações do Teatro

1. Alguns exemplos recentes: Os italianos Giorgio Strehler e Luca Ronconi montam na Comédie Française, o primeiro *A trilogia da vilegiatura*, de Goldoni (1978), o segundo *O mercador de Veneza* (1987). O alemão K.M. Grüber apresenta, no mesmo teatro, a *Berenice*, de Racine (1985) e em outros, com Jeanne Moreau, *O relato da criada Zerline* (1986). Strehler inaugura seu mandato de diretor do Teatro da Europa com uma montagem de *A ilusão [cômica]*, de Corneille (1984). E o americano Bob Wilson investe no *Martírio de são Sebastião*, de d'Annunzio e Debussy (1988)... Acrescentemos que os diretores franceses não estão parados e trabalham, eles também, no estrangeiro.

2. Trata-se de um artigo inédito, publicado em 1963 pelos *Cahiers Renaud-Barrault*, nº25 bis.

3. O Berliner Ensemble apresentou-se em três ocasiões no âmbito do Festival Internacional de Teatro em Paris. Além de *Mãe Coragem*, de 1954, montaram *O círculo de giz caucasiano* em 1955 e, em 1957 — Brecht morrera no ano precedente —, *Galileu Galilei*, e, novamente, *Mãe Coragem*.

Para mais detalhes, veja a cronologia estabelecida por Lionel Richard no número de *Obliques* dedicado a Brecht, "Principaux repères pour la difficile mais irrésistible ascension de Brecht en France" (1980).

4. A obra teatral de Brecht é publicada em francês entre 1955 e 1962. Os *Escritos sobre o teatro* são traduzidos em 1964. Entre 1954 e 1967, é organizado um certo número de monografias sobre o autor em *Pequeno organon*...

5. Mencionemos de Vilar: *Assassinato na catedral* e *Dom Juan*, *A cidade* e *Macbeth*. De Strehler, para nos limitarmos às suas realizações mais recentes, *O rei Lear*, *A tempestade*, *A ilusão*. Note-se que a mais antiga dessas montagens, *Assassinato na catedral*, data de 1945, a mais recente, *A ilusão*, de 1984.

6. O francês não oferece tradução satisfatória do termo inglês: "Ecran", "paravent" são termos que não dão conta da ductilidade do utensílio aperfeiçoado por Craig.

7. "Urdimentos": no jargão dos bastidores, espaço invisível para o espectador (no dispositivo à italiana). Fica situado embaixo do cenário.

"Porão": espaço simétrico situado *sob* o tablado. É freqüentemente constituído de pranchas móveis (alçapões) que permitem efeitos de "aparecer/desaparecer".

8. Aos olhos do próprio Artaud, sua tentativa dos *Cenci* (1935) devia ser considerada um mero ensaio inacabado para passar da teoria à prática.

9. Cf. o título de sua coletânea de ensaios e de reflexões, *Em busca de um teatro pobre* (1968).

10. É preciso lembrar que a psicanálise é uma das ciências humanas mais vigorosas no contexto intelectual dos anos 1960.

11. *Lazzi*: "Elemento mímico ou improvisado pelo ator que serve para caracterizar comicamente o personagem (originalmente, o Arlequim). Contorções, rictus, caretas, comportamentos burlescos e clownescos são seus ingredientes básicos". (Patrice Pavis, *Dictionnaire du théâtre*).

12. Meyerhold trabalha no contexto da Revolução de outubro. Eis por que, através do grande jogo do teatro, insinua uma mensagem sociopolítica. Motivação profunda? Estratégia destinada a legitimar, aos olhos do poder soviético, pesquisas que tachava de formalismo? De todo modo, a aventura meyerholdiana terá um fim brutal em 1933. Contestada em nome do "realismo socialista", é censurada como desvio formalista burguês. O teatro de Meyerhold é fechado. Ele próprio é preso, torturado e deportado em junho de 1939. Seria morto na prisão ou em um campo em 1940. Foi "reabilitado" em 1955...

13. Vitez fala o russo correntemente. Leu portanto na fonte os textos meyerholdianos.

14. Oppenheimer, um dos "pais" da bomba atômica se dessolidarizou do uso que era feito de suas pesquisas pelo poder nos Estados Unidos... Para grande escândalo dos formadores de opinião!

15. Brecht reescreveu, freqüentemente subvertendo totalmente a significação, além de *Antígona*, o *Eduardo II* de Marlowe, o *Coriolano* de Shakespeare, o *Dom Juan* de Molière... Devemos acrescentar que recomendava usar a mesma liberdade com suas próprias obras, transformá-las, até mesmo reescrevê-las em função de determinado público, de sua memória, sua cultura e sua relação com uma atualidade específica.

16. É surpreendente constatar que um movimento análogo se desenvolve em todo o mundo: uma companhia da Filadélfia monta, em um kabuki bastante

rigoroso, a *Medéia* de Eurípides. E uma trupe de kathakali, em 1989, vai a Paris fazer representações do *Rei Lear*...

Conclusão

1. Ver sobre essa questão o belo ensaio de Bernard Dort, *La Représentation émancipée*, 1988.

2. Jean Vilar, Jerzy Grotowski, Peter Brook...

Bibliografia

ABIRACHED, Robert, *La Crise du personnage dans le théâtre moderne*, Paris, Grasset, 1978.

APOSTOLIDÈS, Jean Marie, *Le Roi-Machine. Spectacle et politique au temps de Louis XIV*, Paris, Minuit, 1981.

——, *Le Prince sacrifié. Théâtre et politique au temps de Louis XIV*, Paris, Minuit, 1985.

APPIA, Adolphe, *Oeuvres complètes*, tomo I, org. M.-L. e D. Bablet, Lausanne, La Cité-L'Age d'Homme, 1983.

ARISTÓTELES, *Poética* org. e trad. R. Dupont-Roc e J. Lallot, Paris, Seuil, 1980.

AUBIGNAC, François d', *La Pratique du théâtre*, org. P. Martino, Paris, Champion, 1927.

BABLET, Denis, *Edward Gordon Craig*, Paris, L'Arche, 1962.

—— *Le Décor de théâtre de 1870 à 1914*, Paris, Ed. du CNRS, 1965.

——, *Les Révolutions scéniques du XXe siècle*, Paris, Société Internationale d'Art, 1975.

——, *La Mise en scène contemporaine*, I, 1887-1914, Bruxelas, La Renaissance du Livre, 1968.

BANU, Georges, *Le Théâtre, sorties de secours*, Paris, Aubier, 1984.

——, *Mémoires du théâtre*, Arles, Actes Sud, 1987.

BATY, Gaston, *Rideau baissé*, Paris, Bordas, 1949.

BECK, Julian, *La Vie du théâtre*, Paris, Gallimard, col. Pratique du Théâtre, 1978.

BENICHOU, Paul, *Le Temps des prophètes: doctrines de l'âge romantique*, Paris, Gallimard, 1977.

BORIE, Monique, *Antonin Artaud, le théâtre et le retour aux sources*, Paris, Gallimard, col. Bibliothèque des Idées, 1989.

BRAY, René, *Molière, homme de théâtre*, Paris, Mercure de France, 1954.

BRECHT, Bertolt, *Écrits sur le théâtre*, I e II, Paris, L'Arche, 1972.

BROOK, Peter, *L'Espace vide*, Paris, Seuil, 1977.

CARLSON, Marvin, *Theories of the Theatre*, Ithaca, Cornell University Press, 1984.

CARTER, L.A., *Zola and the Theatre*, New Haven, Yale University Press / Paris, PUF, 1963.

CHEVREL, Yves, *Le Naturalisme*, Paris, PUF, 1982.

COPEAU, Jacques, *Registre I, II, III, IV*, Paris, Gallimard, 1974-84.

——, *Le Théâtre populaire*, Paris, PUF, 1941.

COPFERMANN, Emile, *Roger Planchon*, Lausanne, La Cité-L'Age d'Homme, 1969.

COUTY, Daniel e Alain Rey (orgs.), *Le Théâtre*, Paris, Bordas, 1980.

CRAIG, Edward Gordon, *De l'art du théâtre*, Paris, O. Lieutier, 1942.

——, *Le Théâtre en marche*, Paris, Gallimard, 1964.

DHOMME, Sylvain, *La Mise en scène d'Antoine à Brecht*, Paris, Nathan, 1959.

DORT, Bernard, *Lecture de Brecht*, Paris, Seuil, 1960.

——, *Théâtre public, 1953-1966*, Paris, Seuil, 1967.

——, *Théâtre réel, 1967-1970*, Paris, Seuil, 1971.

——, *Théâtre en jeu, 1970-1978*, Paris, Seuil, 1979.

——, *La Représentation émancipée*, Arles, Actes Sud, 1988.

——, *Le Spectateur en dialogue*, Paris, POL, 1995.

DULLIN, Charles, *Ce sont les dieux qu'il nous faut*, Paris, Gallimard, col. Pratique du Théâtre, 1969.

GAIFFE, Félix, *Le Drame en France au XVIIIe siècle*, Paris, Armand Colin, (1910) 1970.

GAUDON, Jean, *Hugo dramaturge*, Paris, L'Arche, 1985.

JOMARON, Jacqueline de, *Georges Pitoëff metteur en scène*, Lausanne, La Cité-L'Age d'Homme, 1975.

—— *La Mise en scène contemporaine*, II, 1914-1940, Bruxelas, La Renaissance du Livre, 1981.

JOUVET, Louis, *Témoignages sur le théâtre*, Paris, Flammarion, 1952.

KANTOR, Taudesz, *Le Théâtre de la mort*, textos reunidos por D. Bablet, Lausanne, La Cité-L'Age d'Homme, 1977.

KOURILSKY, Françoise, *The Bread and Puppet Theatre*, Lausanne, La Cité-L'Age d'Homme, 1971.

LACANSTER, Henry Carrington, *A History of French Dramatic Literature in the Seventeenth Century* (9 vols.), Baltimore, Johns Hopkins Press, 1929-42.

LECLERC, Guy, *Le TNP de Jean Vilar*, Paris, UGE, col. 10/18, 1971.

MARMONTEL, *Jean-François, Essai sur le goût*, in *Oeuvres complètes*, tomo XII, Paris, Verdières, 1818-20.

MASSON, Bernard, *Musset et le théâtre intérieur*, Paris, Armand Colin, 1973.

MERCIER, Louis-Sébastien, *Du théâtre ou Nouvel essai sur l'art dramatique*, Amsterdã, Van Harrevelt, 1773.

MEYERHOLD, Vsevolod, *Écrits sur le théâtre* (3 vols.), org. e trad. fr. B. Picon-Vallin, Lausanne, La Cité-L'Age d'Homme, 1973-75-80.

——, *Le Théâtre théâtral*, Paris, Gallimard, 1963.

PAVIS, Patrice, *Le Théâtre au croisement des cultures*, Paris, J. Corti, 1990.

PISCATOR, Erwin, *Le Théâtre politique*, Paris, L'Arche, 1962.

PRUNER, Francis, *Les Luttes d'Antoine au Théâtre Libre*, I, Paris, Minard, 1964.

REESE, Helen, *La Mesnardiere's Poetics. Sources and Dramatic Theories*, Baltimore, Johns Hopkins' Studies, t.XXVIII, 1937.

ROBICHEZ, Jacques, *Le Symbolisme au théâtre. Lugné-Poe et les débuts de l'Oeuvre*, Paris, L'Arche, 1957.

ROLLAND, Romain, *Le Théâtre du peuple, essai d'esthétique d'un théâtre nouveau*, Paris, Albin Michel, 1903.

ROUBINE, Jean-Jacques, *Théâtre et mise en scène*, 1880-1980, Paris, PUF, col. Littératures Modernes, 1980.

ROUSSOU, Matei, *André Antoine*, Paris, L'Arche, 1954.

RYNGAERT, Jean-Pierre, *Lire le théâtre contemporain*, Paris, Dunod, 1993.

SARRAZAC, Jean-Pierre, *Théâtres du moi, théâtres du monde*, Rouen, Médianes, 1995.

STANISLAVSKI, Constantin, *La Construction du personnage*, Paris, O. Perrin, 1966.

——, *La Formation de l'acteur*, Paris, Payot, 1982.

SZONDI, Peter, *Die Theorie des bürgelichen Trauerspiels im 18 Jahrhundert*, Suhrkamp, 1973.

——, *Théorie du drame moderne, 1880-1950*, Lausanne, La Cité-L'Age d'Homme, 1983.

TEMKINE, Raymonde, *Grotowski*, Lausanne, La Cité-L'Age d'Homme, 1970.

——, *Mettre en scène au présent* (2 vols.), Lausanne, La Cité-L'Age d'Homme, 1977-79.

TRUCHET, Jacques, *La Tragédie classique en France*, Paris, PUF, col. Littératures Modernes, 1976.

UBERSFELD, Anne, *Le Roi et le Bouffon*, Paris, Corti, 1974.

VIALA, Alain, *Naissance de l'écrivain. Sociologie de la littérature à l'âge classique*, Paris, Minuit, 1985.

VIRMAUX, Alain, *Antonin Artaud et le théatre*, Paris, Seghers, 1970.

COLETIVO, *Les Voies de la création théâtrale*, sobretudo vols.I (Grotowski, The Living Theatre), II (Brecht), V (Le Théâtre du Soleil), VII (Direções anos 20 e 30), X (Brook), XI (Kantor), XIII (Brook), XIV (Chéreau), XVI (Strehler), Paris, Ed. du CNRS, 1970-89.

COLETIVO, *Les Voies de la création théâtrale*, XVII (Meyerhold), XVIII (Kantor), XIX (Langhoff).

COLETIVO, *Les Pouvoirs du théâtre. Essai pour Bernard Dort* (textos reunidos e apresentados por J.-P. Sarrazac), Paris, Théâtrales, 1995.

REVISTAS

Théâtre populaire, Paris, L'Arche.

Travail théâtral, Lausanne, La Cité-L'Age d'Homme.

Théâtre / Public, Gennevilliers, Publications du Théâtre.

L'Art du Théâtre, Paris, Théâtre de Chaillot/Arles, Actes Sud.

Théâtre en Europe, Paris, Beba.

Revue d'Esthétique, nº26, "Jeune théâtre", Paris, Jean-Michel Place, 1994.

Índice onomástico